기독교문서선교회(Christian Literature Center: 약칭 CLC)는 1941년 영국 콜체스터에서 켄 아담스에 의해 시작되었으며 국제 본부는 미국 필라델피아에 있습니다. 국제 CLC는 59개 나라에서 180개 본부를 두고, 약 650여 명의 선교사들이 이동도서차량 40대를 이용하여 문서 보급에 힘쓰고 있으며 이메일 주문을 통해 130여 국으로 책을 공급하고 있습니다. 한국 CLC는 청교도적 복음주의 신학과 신앙서적을 출판하는 문서선교기관으로서, 한 영혼이라도 구원되길 소망하면서 주님이 오시는 그날까지 최선을 다할 것입니다.

추천사 1

정현채 박사
서울대학교 명예교수, 죽음학 연구 권위자

2007년부터 죽음학 강의를 할 때마다 죽음의 현장에서 일어나는 근사 체험과 삶의 종말 체험 사례를 빼놓지 않고 이야기하고 있습니다. 사후 세계는 살아 있는 사람들의 소망을 충족시키기 위한 상상의 산물이 아니라 실재하는 장엄하고도 장대한 세계이기 때문입니다.

이런 점에서 이번에 출간하게 되는 이광재 목사의 책 『죽음을 설교하라』는 기독교적인 입장에서 죽음에 대해 잘 소개하고 있는 귀한 책입니다. 삶과 죽음은 동전의 앞뒷면 같은 것이므로 죽음을 자주 생각하고 깊이 성찰해 봐야 진정한 삶을 영위할 수 있다는 말은 자주 언급되지만, 실제로 그렇게 실천하며 사는 사람을 만나기는 쉽지 않습니다. 로마의 철학자 키케로는 "지혜로운 사람에게는 삶 전체가 죽음에 대한 준비이다"라고 했습니다.

이 책의 저자가 간절히 염원하는 바대로, 모쪼록 죽음에 관한 내용이 설교의 중요한 주제로 채택되기를 바라는 마음 간절합니다.

추천사 2

최 진 봉 박사

장로회신학대학교 예배설교학 교수

우리의 죽음이 하나님 앞에 서는 것이라면 지금 우리가 해야 할 가장 긴급하고 중요한 것은 '하나님 앞에 설 준비가 되어 있는가?' 하는 것입니다(영적 버킷 리스트 중에서).

살려고 교회 문에 들어선 이들에게 과연 죽음을 이야기해야 할까? 살아있기만 한 일상 속에 죽음이 자리할 틈이 있는가?

평범한 주일 아침, 죽음의 주제는 강단과 어울리지 않고, 그 이야기를 귀담아들을 자가 있을 거라 기대할 수 없습니다. 그런데 이광재 목사는 그런 설교들을 들고나왔습니다.

『죽음을 설교하라』.

흥미로운 것은 이 책은 장례 예식이 아닌 평범한 주일의 강단을 위한 설교집이라는 것과 목회자나 설교자들만이 아닌, 설교를 듣는 성도들이 그들의 삶의 자리에서 죽음을 어떻게 말해야 하는지, 그 죽음의 언어들을 가르쳐주고 있다는 점입니다.

저자는 삶과 죽음을 분리된 두 개의 단계로 보는 관점을 넘어 삶에서 죽음을, 죽음에서 삶을 엮어냅니다. 그를 통해 저자는 성경적이며 복음적인 상상력으로 성도들의 삶과 신앙에 갈 길을 비춰줍니다. 이 책에 담긴 설교들은 저자가 예수 그리스도의 구속적 생애주기를 따라가는 교회력의 절기 중에서 죽음을 묵상하고, 그 안에서 삶을 성찰하고 참된 생명을 고대하는 사순 절기에 행한 설교들입니다.

저자는 열두 편의 설교를 크게 삼 부로 나누어 구성하였는데, 이는 전체 내용을 죽음의 시간적 흐름에 맞춰 다음과 같이 구성한 것입니다.

제1부, 죽음의 준비
제2부, 죽음의 직면
제3부, 부활을 살고 소망함

저자에게 '죽음을 설교하라!'는 명제는 설교자와 성도들에게 매일을 살아가는 삶과 관련하여 당부하는 네 가지의 명제를 담고 있습니다.

첫째, '성도들로 삶의 의미와 가치를 발견하게 하라.'
둘째, '그들로 삶의 사명을 이뤄 주님 앞에 설 준비를 하라.'
셋째, '그들로 죄의 삶에서 돌아서게 하라.'
넷째, '성도들로 천국의 삶을 누리며 꿈꾸게 하라.'

목회자와 설교자들이 이 책을 통해 얻게 될 강단의 선물은 삶과 죽음을 통합하는 주해적 통찰만이 아닙니다. 저자는 오늘의 생생한 삶의 이야기들과 사건들, 고백들을 통해 본문의 세계가 어떻게 오늘 설교자의 세계와 만나는지를 구체적으로 보여 주며, 추상적이고 관념적이기 쉬운 지루한 설교의 언어들을 그의 풍부한 시각적 표현과 그림 언어들을 통해 오늘의 삶의 언어로 바꾸어 놓고 있습니다.

『죽음을 설교하라』는 예수님의 죽음 안에서 참된 삶의 길을 찾으려는 설교자와 성도들에게 반가운 등불이 되어줄 것입니다.

추천사 3

김휘현 목사
시인, 서울동일교회 담임

선포된 하나님의 말씀은 그 자체가 하나님의 말씀이다.

스위스의 종교개혁자 하인리히 불링거의 말입니다. 하나님의 말씀을 '선포된 하나님의 말씀', '기록된 하나님의 말씀', '계시 된 하나님의 말씀'이란 삼중 형태를 논했던 칼 바르트 역시 교회가 하나님께 위탁받은 설교를 할 때 그것을 통해 자신의 계시를 선포하는 분은 하나님이라고 하였습니다. 그래서 비록 성경 해석을 통해 나타나는 설교가 설교자의 인간적인 말일지라도 성령을 통해 하나님의 말씀이 된다고 하였습니다.

하나님의 위탁 명령의 수행으로써 강단에서 선포된 말씀은 그 시간, 그 앞에서 듣는 사람에 국한됩니다. 하지만 선포된 말씀을 문자화할 때 선포된 말씀은 시간과 공간을 초월해 모든 독자에게로 확장이 됩니다. 책으로 엮어진 말씀은 오고 오는 세대에까지 역사를 거듭하게 됩니다. 이것은 문자화의 전달이 주는 혜택입니다.

신실한 말씀의 전달자 된 이광재 목사께서 그동안 말씀의 일꾼으로, 또한 제자 훈련 교정자로 쓰임 받음에 감사하며 그 말씀과 사역이 복음적이었음을 동감합니다. 아울러 한 시대의 비탈길에서 말씀으로 교회를 든든히 세워가는 말씀의 친구 됨을 기뻐하며 한국 교회에 크게 쓰임 받게 될 것을 기대하며 자랑합니다.

이번 사순절에 선포된 죽음에 관한 말씀을 문자화시킨 『죽음을 설교하라』는 목회자는 물론 모든 그리스도인이 반드시 들어야 할 말씀입니다. 필립 아리에스가 『죽음의 역사』에서 말했듯이 '현대 사회는 죽음을 회피하는 시대'이기 때문입니다. 죽음을 회피하는 문화는 '호모 데우스'와 '포스트 휴먼'으로 치닫게 하여 신앙을 상대화시킵니다. 하지만 "죽음은 인간의 구조"라고 말한 하이데거의 주장을 빌리지 않더라도 인간은 죽음과 분리될 수 없는 존재입니다.

저자가 주장하듯 우리는 죽음을 생각함으로써 죽음을 도외시하거나 필요 이상 죽음의 두려움에서 벗어나 인생을 바르게 바라보며 주어진 현실의 가치를 알고 더 잘살게 되고, 죽음 너머 영원을 바라보며 소망의 삶을 살게 됩니다. 그리하여 과거와 현재와 미래를 관통하는 죽음을 준비함으로 가장 최선의 삶을 살아가게 되기 때문입니다.

죽음에 대한 올바른 성경적 지식을 소유하고, 죽음에 대한 종말론적인 태도를 유지하며, 믿음 안에서 죽음을 맞이하길 원하는 분들과 죽음 교육을 준비하는 이들에게 적극적으로 추천하는 바입니다.

추천사 4

이 필 산 목사
청운교회 담임

　인상이 험악한 사람을 보면 우리는 무서워합니다. 그러나 누군가가 소개해 주며 알아 가다 보면 그 전의 인상은 사라지고 친근함을 느끼게 되는 경우가 있습니다. 죽음이란 우리에게 인상이 너무 험악한 존재입니다. 그래서 우리는 다가오는 줄 알면서도 다가가기 힘들어하고 오히려 애써 부정하며 피하려 합니다.

　그런 존재를 이 책은 우리에게 소개해 줍니다. 막연하게 무서워만 하던 죽음을 곁눈질이 아닌 바로 볼 수 있게 해 줍니다. 그냥 막연하게 '좋은 사람이니 친하게 지내봐' 윽박지르는 것이 아니라 차근차근 한 걸음씩 다가가며 성경에서 우리에게 가르쳐 주신 것을 경험하게 합니다.

　그리하여 종국에는 죽음의 험악한 인상 속에서 주님이 우리에게 주신 부활의 따뜻함을 느끼게 합니다. 그래서 막연한 두려움 가운데에서 용기와 소망을 얻습니다. 주님이 이광재 목사를 통해 우리에게 주신 깨달음과 도전에 감사를 드립니다.

추천사 5

안광복 목사
청주상당교회 담임

　인간에게 가장 확실한 일은 죽는다는 사실입니다. 인간에게 가장 불확실한 일은 그 죽음이 언제인지 모른다는 사실입니다. 가장 확실한 일을 가장 불확실한 채 살아가는 것이 인간 실존의 딜레마입니다. 목회자로서 장례식 때마다 던지는 메시지입니다. 필연적임을 알면서도 피하고 싶은 주제이고, 남의 일처럼 여기다가 준비 없이 맞이하는 것이 바로 죽음입니다.

　저자는 왜 죽음을 설교해야 하는지를 너무나도 설득력 있게 전달하고 있습니다. 이 책에는 죽음에 대한 탁월한 신학적 통찰과 따뜻한 목회적 위로와 소망이 담겨있습니다. 죽음을 넘어 부활의 실존을 보게 하는 창문의 역할과 죽음을 통해 오늘에 충실할 수 있는 거울의 역할도 합니다. 죽음을 잘 준비할 수 있는 다양한 실제적인 아이디어까지도 넘쳐납니다. 모든 목회자의 서재에 반드시 꽂혀 있어야 할 책이라고 감히 단언합니다.

　『죽음을 설교하라』.
　참 귀한 책이 나왔습니다.

죽음을 설교하라

Preach the Inevitable
Written by KwangJae Lee
All rights reserved.
Korean Edition Copyright ⓒ 2023 by Christian Literature Center, Seoul, Korea.

죽음을 설교하라

2023년 2월 28일 초판 발행

지 은 이 | 이광재

편　　집 | 도전욱
디 자 인 | 이다은, 박성숙, 서민정
펴 낸 곳 | (사)기독교문서선교회
등　　록 | 제16-25호(1980. 1. 18.)
주　　소 | 서울특별시 동대문구 천호대로71길 39
전　　화 | 02-586-8761~3(본사) 031-942-8761(영업부)
팩　　스 | 02-523-0131(본사) 031-942-8763(영업부)
이 메 일 | clckor@gmail.com
홈페이지 | www.clcbook.com
송금계좌 | 기업은행 073-000308-04-020 (사)기독교문서선교회
일련번호 | 2023-19

ISBN 978-89-341-2529-7 (03230)

이 책의 출판권은 (사)기독교문서선교회가 소유합니다.
신저작권법에 의하여 한국 내에서 보호받는 저작물이므로 무단 전재와 무단 복제를 금합니다.

Preach the Inevitable

죽음을 설교하라

이광재 지음

CLC

목차

추천사 1 정현채 박사 | 서울대학교 명예교수, 죽음학 연구 권위자   1

추천사 2 최진봉 박사 | 장로회신학대학교 예배설교학 교수   2

추천사 3 김휘현 목사 | 시인, 서울동일교회 담임   5

추천사 4 이필산 목사 | 청운교회 담임   7

추천사 5 안광복 목사 | 청주상당교회 담임   8

들어가는 말   14

죽음을 설교해야 하는 이유 황명환 목사 | 『죽음 인문학』 저자, 수서교회 담임   22

제1부 해피 엔딩

제1장 메멘토 모리(Memento Mori)   32

제2장 아모르 파티(Amor Fati)   53

제3장 영적 버킷 리스트(Bucket list)   73

제4장 웰다잉 신앙생활(Well-Dying)   89

제5장 내 인생의 마지막 말 한마디   106

죽음을 설교하라
Preach the Inevitable

제2부 페이스 to 페이스	제6장 죽음이 던지는 인생 질문	125
	제7장 1인칭 죽음	140
	제8장 2인칭 죽음	155
	제9장 3인칭 죽음	172

제3부 Beyond 죽음	제10장 놀람 행진곡	189
	제11장 부활이 실력이다	203
	제12장 부활을 온-택트(On-Tact)하라!	218

들어가는 말

이 광 재 목사

얼마 전 세상을 떠난 이어령 박사는 『이어령의 마지막 수업』이라는 책을 통해 죽음에 대해 좀 더 현실적인 통찰력을 주었습니다. 즉, '타인의 죽음이 동물원 철창 속의 호랑이'와 같다면 '나 자신의 죽음은 철창을 뛰쳐나와 나에게 덤벼드는 호랑이'와 같다는 것입니다.

우리는 지금까지 죽음을 추상적이고 멀리 있는 대상으로 생각했습니다. 그래서 죽음을 마치 '우리 안에 갇힌 사자, 철창 안에 갇힌 호랑이'에 불과하다고 간주했습니다. 죽음이 무섭고 두려운 것은 사실이지만 지금 당장 우리에게 어떠한 영향을 미치지 못한다고 생각하였기에 대수롭지 않게 여기며 살아왔습니다. 아무리 무서운 맹수라도 철창 안에 갇혀 있다면 그것은 우리와 아무런 상관이 없기 때문입니다.

그러나 코로나 시대를 맞이하면서 철창 속에 갇혀 있던 사자와 호랑이와 같은 죽음이 길거리로 마구 뛰쳐나왔습니다. 그리고 '죽음'이라는 굶주린 맹수가 온 마을, 온 도시, 온 인류를 물어뜯기 시작했습니다. 분명히 철창 안에 갇혀 있을 때는 나와 상관없는 문제였지만 거리로 뛰쳐나온 죽음이라는 맹수는 더 이상 나와 상관없는 문제가 아니라 언제든지 나를 덮칠 수 있는 존재라는 것을 우리는 깨닫게 되었습니다. 그런 의미에서 우리는 죽음을 설교해야 하는 시대를 살아가고 있습니다.

'죽음을 설교하라'는 말은 두 가지 의미를 가집니다.

한 가지는 목회자들이 이제는 강단에서 죽음에 대해 설교를 해야 한다는 당위성에 근거한 명제입니다.
다른 한 가지는 크리스천인 우리가 이제 자기 삶에서 죽음을 설교해야 한다는 것을 의미하기도 합니다.

'설교하다'라는 단어는 강단에서 목회자들을 통해 행해지는 일이기도 하지만 사전적인 의미를 보면 '어떤 일의 견해나 관점을 다른 사람이 수긍하도록 단단히 타일러서 가르치다'는 의미도 가집니다.
다시 말해, 죽음에 대한 설교는 목회자들을 넘어 하나님의 부르심을 받은 모든 크리스천이 해야 할 사명이기도 합니다. 죽음의 문제는 지금 우리에게 아주 긴박한 문제입니다. 또한, 삶에서 가장 중요한 문제 가운데 하나입니다.
그러나 오늘 우리 크리스천들의 문제는 죽음에 대한 이해가 없다는 것입니다. 아니 정확하게 말하자면 기독교적인 죽음에 대한 이해가 없습니다.

크리스천으로 우리는 '죽음을 어떻게 정의해야 하는지?
또한, 죽음을 어떻게 준비해야 하는지?
그리고 죽음 이후의 삶을 위해 어떻게 살아야 하는지?'

이런 질문에 대한 준비가 전혀 되어 있지 않습니다. 그래서 목회자들은 부지런히 죽음에 대해 설교해야 하고 또한, 우리 크리스천들도 죽음을 설교해야 합니다. 만약 우리가 죽음을 설교하기 시작할 때 '아직' 우리에게 임하지 않는 죽음이 '이미' 우리에게 가까이 와 있는 문제로 바라볼 수 있게 됩니다.

언젠가 한 권사님과 대화하다가 이런 이야기를 듣게 되었습니다.
"목사님, 제 소원은 잠을 자다가 편안하게 죽는 것입니다.
그러한 죽음을 맞이할 수 있도록 기도해 주세요."
그 말을 듣는 순간 제 머릿속에서는 여러 가지 질문이 생겨났습니다.
그래서 이렇게 권사님께 질문을 드렸습니다.

"권사님! 잠을 자다가 편안하게 죽는 것이 소원이라면, 권사님은 이미 죽을 준비를 다 끝내신 것인가요?
또 만약 지금 죽는다면 권사님은 하나님 앞에 서실 준비가 되셨나요?
하나님이 권사님에게 주신 사명을 예수님처럼 다 이루신 것인가요?
죽기 전에 하셔야 할 일이 이제 없으신가요?"

제가 질문을 하나씩 드릴 때마다 권사님은 고개를 이리저리 흔들고 계셨고 얼굴은 점점 굳어져 갔습니다. 그리고 그 권사님은 한참만에 입을 다시 여셨습니다.

"목사님, 죄송합니다. 제가 생각을 잘못한 것 같습니다."

물론 잠을 자듯이 편안하게 죽는 것은 복된 죽음처럼 보입니다. 하나님이 우리를 보내신 목적을 다 이룬 자들에게는 분명히 축복입니다. 그러나 아직 우리에게는 해야 할 일이 있고 죽기 전에 반드시 마무리해야 할 사역이 있습니다. 그렇기에 크리스천인 우리는 세상 사람들처럼 편안하게 죽는 것을 소원으로 삼아서는 안 됩니다. 대신 '준비된 죽음'을 맞이하기 위해 기도해야 합니다.

마태복음 25장에 나오는 슬기 있는 처녀들처럼 자신이 무엇을 준비하여 신랑을 맞으러 나가야 하는지 살펴보아야 합니다. 갑자기 "신랑이로다. 맞으러 나오라"고 주님의 음성이 들려질 때 준비되지 못한 채 잠을 자다 그제야 기름을 준비하기 위해 달려가는 다섯 처녀처럼 살아서는 안 됩니다. 미리 기름과 등을 준비했던 슬기 있는 처녀들처럼 죽음의 문제도 그렇게 준비해야 합니다. 물론 편안하게 살다 고통 없이 죽은 것이 은혜가 맞습니다.

그러나 그것보다 더 큰 은혜는 하나님 앞에 서기 위해 자신의 죽음을 철저하게 준비하는 것입니다. 그런 의미에서 크리스천에게 시한부 선고는 은혜의 한 방편이 됩니다. 죽음을 준비할 수 있는 기회가 주어진 것이고 또한, 죽음을 준비할 수 있는 시간도 주어진 것입니다. 그러나 안타깝게도 암이나 각종 질병을 통해 시한부 선고를 받은 많은 사람이 주어진 상황에 절망하고 자신의 처지를 비관하다 준비해야 할 것을 준비하지 못한 채 죽음을 맞이하기도 합니다.

그러므로 이제 우리는 다음과 같은 이유에서 죽음을 설교하기 시작해야 합니다.

첫째, 죽음을 설교하지 않으면 사람들은 삶이 얼마나 가치 있고 소중한 것인지 알지 못합니다.

자기 죽음이나 다른 사람의 죽음 앞에 마주하게 될 때 우리는 자기 삶이 얼마나 소중하고 또한, 지금 내가 누리고 있는 삶이 얼마나 가치 있는가를 알게 됩니다. 그래서 우리는 죽음을 설교해야 합니다.

둘째, 죽음을 설교하지 않으면 내 주변 사람들이 죽음을 준비하지 못한 채 이 땅을 떠날 수도 있습니다.

하나님이 우리를 세상에 보내신 것은 우리를 통해 하실 일이 있기 때문입니다. 죽기 전에 나를 보내신 하나님의 목적을 이루기 위해 최선을 다하는 것이, 우리가 삶을 대하는 자세가 되어야 합니다.

하나님의 사람 모세는 죽기 직전까지 하나님이 자신에게 원하시는 사명을 감당하기 위해 분주하게 일하였고 결국 자신이 반드시 해야 하는 그 일을 마무리하고 하나님의 부르심을 받았습니다. 그런 의미에서 죽음을 설교한다는 것은 자기 죽음을 준비하지 못한 채 갑작스러운 죽음을 맞이하는 사람이 없도록 경고의 나팔을 부는 행동입니다.

셋째, 죽음을 설교하지 않으면 관성의 법칙을 따라 죄 가운데 살아가던 사람들의 발걸음을 멈출 수 없습니다.

죽음을 설교한다는 것은 죽음과 상관없이 살아가는 사람들에게 자신이 달려가는 삶의 속도를 잠시 줄이면서 삶을 돌아보게 하는 과속방지턱의 역할을 하게 됩니다. 또한, 죽음을 설교하는 것은 죄 가운데 살아가는 자들에게 그들이 가던 길에서 돌이켜 다시 하나님의 길로 그리고 다시 하나님의 복음 앞에 설 수 있는 유턴(U-turn)의 삶의 기회를 만들어주는 것입니다. 그래서 우리는 죽음을 설교해야 합니다.

넷째, 죽음을 설교하지 않으면 우리는 천국을 꿈꾸며 살아가지 못하게 됩니다.

천국은 죽음 이후에 우리의 삶에 주어지는 하나님의 나라가 분명하지만, 크리스천들에게 천국은 이 땅에서도 경험해야 하는 하나님의 나라입니다. 죽음에 대한 설교는 죽음 이후에 찾아오는 영원한 하나님 나라에 대한 기대와 갈망을 가지게 만들뿐 아니라 이 땅에서 누리는 하나님의 나라에 대한 기대를 가지게 만듭니다.

이 땅에서 천국을 맛보지 못한 자들이 왜 천국을 가려고 할까요?

혹시 죽음 이후에 주어지는 선택지가 천국 아니면 지옥밖에 없어서 천국에 가려고 하는 것은 아닌지 우리 스스로 질문해야 합니다. 이런 자들에게 천국은 지옥에 가기 싫어서 선택한 천국이기에 그곳에 대한 사모함이나 갈망함이 있을 수 없습니다. 당연히, 죽어서 가는 천국보다 살아서 누리는 이 세상을 사모하고 미련을 버리지 못하는 것입니다.

그리고 혹시 이 땅에서 천국을 맛보지 못한 자들이 천국에 가려고 하는 이유가 천국에 대한 환상 때문이 아닌지 스스로에게 질문해 보아야 합니다. 이 땅에서 버림받고 눌리고 아프고 힘들게 살았던 사람들이 천국을 사모하는 이유는 이 땅에서의 고난과 아픔에 대한 보상이 주어질 것이라고 생각하기 때문입니다. 물론, 하나님이 세상과는 비교할 수 없는 영광스럽고 아름다운 삶을 허락해 주실 것입니다.

그리고 땅에서 누리지 못한 영원한 상급도 주실 것입니다. 그러나 천국이 세상살이에 대한 도피처로 가는 곳이라면 그것은 천국에 대한 제대로 된 갈망이 될 수 없습니다.

분명한 것은 죽음 이후에 주어지는 천국은 하나님의 나라입니다. 세상에서는 불완전한 하나님의 나라를 살아가지만, 천국에서 만나는 하나님의 나라는 완벽한 하나님의 나라입니다. 하나님이 주인 되셔서 완전한 통치와 다스림이 일어나게 됩니다. 그렇기에 하나님의 백성으로 살아가는 것은 매일이 감격이며 감사이며 또한 찬송의 이유가 됩니다. 그곳은 악과 불의가 사라지고 하나님의 정의와 공의가 완벽하게 펼쳐지는 곳이기에 우리는 완전한 하나님의 통치 아래 있게 되는 것입니다.

그런데 우리가 지금 살아가는 세상에서도 그 하나님의 나라를 경험할 수 있습니다. 예수 그리스도를 믿음으로 우리는 하나님의 자녀가 되었고 삶의 주인으로 예수그리스도를 주님으로 영접하였습니다. 그것은 주인 되신 주님을 통해 하나님의 통치와 다스림을 받는 하나님의 나라가 시작된 것입니다. 물론 영원한 하나님의 나라에 이르지 않았기에 완전하지는 않지만, 하나님의 통치와 다스림 아래 살아가는 삶을 경험할 수 있게 되는 것입니다.

이 땅에서 하나님의 나라를 경험하며 살아가는 사람들은 영원한 하나님의 나라를 사모하며 살아가게 됩니다. 왜냐하면, 잠시 경험하는 하나님의 나라를 통해서도 이렇게 큰 기쁨과 감사를 누리게 되는데 영원한 하나님의 나라에서 우리가 경험하게 될 하나님의 완전한 통치와 다스림에 대한 기대와 소망이 우리의 삶을 갈망으로 나가게 만드는 것입니다. 그래서 죽음이 다가올수록 크리스천의 삶은 더 큰 갈망과 사모함으로 하나님 앞에 서게 되는 것입니다. 사도 바울이 고백한 것처럼 '나의 달려갈 길과 주 예수 받은 사명을 마치기 위해 나의 생명도 아끼지 않는 삶'을 살아갈 수 있게 하는 원동력이 바로 그 나라에 대한 갈망 때문일 것입니다(행 20:24).

다시 말해, 이 땅에서 천국을 맛본 자들이 영원한 하나님의 나라를 바라보게 되고 또한 주신 삶의 자리에서 최선을 다해 하나님의 영광을 위해 살아가게 만드는 것입니다.

그러므로 우리가 죽음을 설교해야 하는 것이 바로 영원한 하나님 나라를 맛보고 꿈꾸게 하기 위함입니다. 그래서 필자는 몇 년 전부터 죽음에 대한 설교 시리즈를 매년 사순절 기간을 통해 성도들과 함께 나누고 있습니다. 그래서 이 기간만이라도 죽음을 마주하고 하나님 앞에 가기 전에 우리가 해야 할 일이 무엇인지 또한 무엇을 준비해야 하는지를 생각하도록 도전을 주고 있습니다.

목사가 죽음에 대해 설교할 때 성도들은 그때부터 삶의 자리에서 죽음에 대한 설교를 시작할 수 있습니다. 그러면 이전에는 경험할 수 없는 진짜 삶을 시작하게 됩니다.

죽음을 설교하십시오!

그러면 당신의 삶도 진정한 삶이 시작될 것입니다!

죽음을 설교해야 하는 이유

황 명 환 목사

『죽음 인문학』 저자, 수서교회 담임

경상도의 어느 교회에서 이런 설문 조사를 했습니다.

"새해에 어떤 주제를 교회에서 다루면 좋겠는가?"

이에 죽음에 대해 교육해 달라는 요구가 가장 많았다고 합니다. 그래서 급히 방법을 찾다가 목사님과 제직회 대표가 저를 찾아오셨습니다. 죽음에 대해 교육하고 싶은데, 잘 모르기 때문에 시도하기 어렵다고 하며 이렇게 묻는 것이었습니다.

"죽음을 어떻게 가르치면 되는가?"

그래서 다양한 방법을 말씀드렸습니다. 죽음에 관한 좋은 교재를 선택해서 성경 공부를 해도 되고, 한 주간 죽음을 주제로 특별 새벽예배를 해도 되고, 한 달 동안 수요일마다 죽음에 관한 설교를 해도 되고, 아니면 일 년 중 어느 특정한 주일에 죽음을 주제로 설교를 하는 것도 좋다고 했습니다. 이런 방법 외에도 교회에 따라 다한 방법이 나올 수 있습니다.

저는 2019년 가을 "죽음 바로 알기"라는 제목으로 한 주간 특별 새벽 기도회를 실시하고, 여섯 번에 걸쳐 죽음에 관한 설교를 했습니다.

기독교인들이 반드시 알아야 하는 기독교 죽음학 개론이죠. 이것을 두란노에서 『죽음에서 삶을 배우다』라는 제목으로 출판했고, 전 교인들에게 부활절 선물로 나눠주고, 소감문을 공모하여 시상하는 행사도 했습니다. 이런 예를 들어 주며 어떻게 하는지를 설명했습니다.

이런 일도 있었습니다. 알고 지내는 장로님이 찾아와서 병원에서 6개월 남았다는 선고를 받았는데, 눈앞이 캄캄해지면서 제가 생각나서 찾아왔다는 말을 듣고, 이렇게 말했습니다.

"힘드시죠?

그러나 끝까지 최선을 다해야 합니다. 그리고 생명의 주인은 하나님이심을 믿어야 합니다. 그러나 계속 악화되고 있다면 주님을 만날 준비를 해야 합니다. 죽음이란 이 세상에서의 삶을 끝내고, 하나님의 나라로 이사 가는 것입니다. 이사 가려면 준비해야 합니다."

먼저는 영적인 준비를 어떻게 해야 하는지, 예수님과 나와의 관계는 바로 되었는지, 구원의 확신이 있는지, 그렇지 않다면 어떻게 해야 하는지 말씀드리고, 그다음에는 사람과의 관계를 어떻게 정리해야 하는지, 재산에 대한 정리는 어떻게 해야 하는지, 또한 자기 몸에 대한 정리를 어떻게 해야 하는지 - 시신의 처리와 장례의 방법과 장기 기증 내지는 연명 치료는 어떻게 해야 하는지 - 자세히 설명하고 나서, 마지막으로는 힘들겠지만, 유언장을 꼭 써보라고 말씀드리면서 종이에다 하나하나 메모를 해드렸습니다.

그분은 다 듣고 나서 우셨습니다.

"왜 진작 이런 생각을 못 했을까요?

그랬으면 훨씬 더 가치 있는 인생을 살았을 텐데 …"

그래서 저는 말했습니다.

"지금이라도 늦지 않았습니다. 6개월 동안 감사한 마음으로 이렇게 하세요. 6개월 후에 더 살게 해주시면 좋고. 그러나 꼭 기억하실 것은 장로님의 인생은 결코 실패가 아닙니다.

왜냐하면, 예수 믿었잖아요?

그리고 영원한 생명, 부활의 약속이 있잖아요?

따라 해보세요.

'나는 승리했다!'

그리고 내 상태를 가족이 아닌 누군가에게도 말해두는 것이 좋은데, 담임목사님에게 말씀해두세요. 제가 이런 상태이고, 이런 준비를 하려고 하니, 잘 감당하도록 기도해 주세요. 그럼 진심으로 도와주실 겁니다."

보내놓고는 안심했는데, 그분은 그렇게 하지 않았습니다. 나중에 알게 되었는데 신유은사를 가진 분들을 불러 기도를 받고, 그 지시를 따라 기도원에 들어가 약도 먹지 않고 있다가, 갑자기 위급하게 되어 응급실에 가서 가족들과 말 한마디 나누지 못하고 돌아가셨습니다.

병원에서 "더 이상 방법이 없습니다."

이런 소리를 듣고 상담할 때, 목사님이 죽음을 받아들이고 잘 준비하라면 서운해합니다.

"병원에서는 그렇게 말해도 더 살 수 있습니다. 믿고 기도합시다."

이렇게 말해야 좋아합니다. 물론 병원에서 죽는다고 말했다고 반드시 죽는 것은 아닙니다. 생명은 하나님께 달려있기 때문입니다. 그러나 병원에서 손을 쓸 수 없게 되는 것이 하나님이 그 사람을 부르시는 방법이기도 하다는 것을 알아야 합니다.

성도들이 죽는다는 사실을 받아들여야 합니다. 그런데 잘 받아들이지를 않습니다. 그래서 마지막이 힘들어집니다. 다시 말하면 죽음의 질이 나빠지는 것입니다. 한국인의 죽음의 질은 OECD 국가 중에 가장 열악합니다. 가장 불행하게 죽는다는 뜻입니다. 더 부끄러운 통계는 기독교인들이 죽음을 맞이하는 방법이 믿지 않는 사람들보다도 못하다는 것입니다. 죽음을 받아들이지 않고, 잘못된 희망을 가지고 의학 이외의 방법에 집착하고, 그러다가 잘 마무리할 기회마저 잃는 경우가 많기 때문입니다.

한국인들에게 자살이 많은 이유도 죽음에 대한 교육이 이루어지지 않기 때문입니다. 이것이 한국 교회의 현실이라는 것을 알아야 합니다.

왜 이렇게 된 것일까요?

이 세상 누구보다도 예수님을 잘 믿는다는 한국 교회의 현실이 왜 죽음의 문제를 만나면 이렇게 해답이 없는 것일까요?

우리 목회자들이 죽음에 대해 가르치지 않았기 때문입니다.

왜 죽음을 설교해야 하는가?

이런 주제로 글을 써달라는 부탁을 받고 잠시 한국 교회의 현실을 살펴보았습니다. 이제는 정말 죽음을 설교할 때가 되었습니다. 아니, 사실은 많이 늦었지요. 정말 이제부터라도 부지런히 죽음에 대해 설교해야 합니다. 죽음에 대해 설교해야 할 이유가 많지만 세 가지만 말씀드리겠습니다.

첫째, 하나님이 죽음을 가르치라고 명령하기 때문입니다.

전도서 7장 1절에서 4절에 보면 후회 없는 인생을 위하여 구체적으로 해야 할 일이 무엇인지 말씀하고 있습니다.

1절, "… 죽는 날이 출생하는 날보다 낫다"는 것을 기억하라고 했습니다. 한평생의 수고를 끝냈고, 그리워하던 주님께로 가는 날이기 때문입니다. 또한, 나를 위하여 면류관이 기다리고 있기 때문입니다.

이화여자대학교 총장을 지낸 김활란 박사는 자기가 죽을 때 사람들이 울자 이렇게 말했습니다.

> 나 죽는다고 울지 마세요. 대신 찬송가를 불러주세요. 그것도 <하늘 가는 밝은 길이 내 앞에 있으니> 그 노래를 불러 주세요.

이런 죽음은 귀한 것입니다. 그런데 사람들은 자꾸 잊어버립니다. 그러므로 실물 교육이 필요합니다. 그래서 2절에 잔칫집에 가는 것보다 초상집에 가라고 했습니다.

> … 모든 사람의 끝이 이와 같이 됨이라 산 자는 이것을 그의 마음에 둘지어다(잠 7:2).

너도 죽는다는 사실을 잊지 말라. 죽음에 대하여 생각하라는 것입니다. 죽음은 피할 수 없습니다. 예외 없는 법칙입니다. 반드시 내 앞에 있을 사건이며, 동시에 나에게 일어날 가장 중요한 사건입니다. 그러므로 죽음을 생각해야 하고 설교해야만 합니다.

"하루하루 살기도 힘든데 교회까지 와서 죽음에 대한 설교를 들으란 말입니까?" 그 대답이 3절입니다.

> 슬픔이 웃음보다 나음은 얼굴에 근심하는 것이 마음에 유익하기 때문이니라 (잠 7:3).

슬픔의 극치인 죽음 앞에서 마음이 치료됩니다. 이것을 카타르시스 작용이라고 합니다. 웬만한 고민거리는 죽은 사람 앞에서 사라집니다.

자존심 때문에 서로 싸워요?

죽음을 생각하면 싸울 일이 없습니다.

그래서 시인 헨리 W. 롱펠로우(Henry W. Longfellow)는 "쓸데없는 고민에서 벗어나려면 술 한잔하고 춤추러 가는 대신 … 조용히 무덤을 산책해 보라"고 말했던 것입니다. 그러면 무엇이 중요하고 무엇이 그렇지 않은지를 알게 될 것입니다. 죽음에 관해 듣는 것은 가장 중요한 인생 공부가 됩니다. 그래서 우리는 죽음에 대해 설교해야 합니다.

둘째, 하나님을 만날 준비를 해야 하기 때문입니다.

아모스 4장 12절입니다.

> … 이스라엘아 네 하나님 만나기를 준비하라(암 4:12).

죽음으로 우리의 삶이 끝나는 것이 아닙니다.

히브리서 9장 27절에서는 이렇게 말합니다.

> 한번 죽는 것은 사람에게 정해진 것이요 그 후에는 심판이 있으리니 (히 9:27).

죽음 후에는 심판이 있습니다. 죽음에 대해 들어야 그 후에 하나님을 만난다는 것을 기억하고 준비할 수 있습니다. 죽음은 오늘에 붙잡힌 우리의 시선을 아주 멀리, 높게 확장시켜 하나님을 만나는 그날을 바라보게 해 줍니다. 성도들을 잘 죽도록 준비하는 것이 목회의 아주 중요한 사역입니다. 두려움 없이 죽음을 맞이할 수 있도록 해주는 것, 성숙한 신앙을 위해 꼭 필요한 것입니다. 그래서 죽음에 대해 설교해야 합니다.

셋째, 복음의 핵심을 가르쳐야 하기 때문입니다.

복음의 내용이 죽음에 대한 승리입니다.

예수님은 왜 육신이 되어 오셔서 죽고 부활하셨는가? …

히브리서 2장 14절에서 15절입니다.

> … 그도 또한, 같은 모양으로 혈과 육을 함께 지니심은 죽음을 통해 죽음의 세력을 잡은 자 곧 마귀를 멸하시며 또 죽기를 무서워하므로 한평생 매여 종노릇 하는 모든 자들을 놓아 주려 하심이니 (히 2:14-15).

죽음의 두려움에 빠져있는 사람들, 죽음에 종노릇하는 사람들 – 이것이 인류의 모습입니다. 수많은 종교와 철학으로 사람들을 조종합니다 – 그들을 놓아주려는 것입니다. 죽음의 공포에서 벗어나 영원한 생명을 주려는 것입니다.

그러므로 교회가 죽음을 가르치지 않으면 사람들은 죽음을 가지고 미혹하는 마귀의 세력에 속고, 한평생 죽음의 두려움에 매여 살 수밖에 없습니다. 예수님이 오신 이유가 우리를 죽음에서 건져내고 영원한 생명을 주려는 것인데, 진정한 해결책을 가진 교회가 입을 다물고 있으면 안 됩니다.

장로회신학대학교의 장신근 교수는 죽음 교육의 목적을 세 가지로 제시했습니다.

첫째, 죽음에 대하여 올바른 성서적 신학적 지식을 소유하는 것입니다.
둘째, 죽음에 대한 종말론적인 태도를 유지하는 것입니다.
셋째, 은혜 가운데 죽음을 잘 맞이하기 위한 기술을 구비하는 것입니다.

이렇게 올바른 지식, 태도, 기술을 구비하여 생의 마지막 순간까지 하나님의 백성으로 종말론적 삶을 살도록 돕기 위해서는 교회에서 죽음을 설교해야 합니다.
이 시대는 죽음에 대한 수많은 이론이 난무합니다. 종교마다 죽음에 대한 내용이 다 다른데, 저마다 그런 주장들을 하고 있으니 얼마나 혼란한지 모릅니다. 죽음에 대한 설교를 해야 이런 문제도 해결될 수 있습니다. 루터는 말했습니다.

> 기독교는 죽음을 가장 심각하게 생각한다. 그러나 가장 완벽한 해결책을 가지고 있다.

죽음에 대한 정답을 가진 기독교가 죽음에 관한 설교를 하지 않기 때문에 기독교의 가장 강력한 복음이 약화되고 있습니다. 죽음을 말할 때 신앙의 본질을 인식하게 되고, 진정한 믿음으로 돌아갈 수 있습니다.

교회 안에 많은 문제가 생기는 이유는 죽음을 가르치지 않고, 천국에 관해 말하지 않기 때문입니다. 죽음에 대해 교육을 받으면 성도들의 신앙이 성장하고, 교회에 충성하고, 어떤 일에도 흔들리지 않게 됩니다. 시시한 일로 싸우지도 않습니다. 깨끗한 마음으로 충성하고, 천국 소망을 가지고 살아가게 됩니다.

그러므로 용기를 가지고 죽음에 관해 설교를 해야 합니다. 목회자 자신이 먼저 스스로에게 이렇게 질문해야 합니다.

내가 전하려는 기독교의 핵심이 무엇인가?
나는 정말 기독교 안에 삶과 죽음에 관한 답이 있다고 믿는가?
최선의 답이 있다고 믿으면서도 가르치지 않는다는 것이 얼마나 모순된 일입니까?

이광재 목사님께서 죽음에 관한 설교를 주제로 책을 출판하는 것을 축하드리며, 이 땅의 모든 목회자가 하루라도 더 빨리 죽음에 관한 설교를 시작하기를 간곡히 부탁드립니다.

제1부

해피 엔딩

해피 엔딩을 꿈꾸며
남은 삶을 힘차게 살아가라

제1장

메멘토 모리 (*Memento Mori*)

메멘토 모리

고대 로마에는 전쟁에서 승리하고 돌아오는 개선장군을 축하하는 의식이 있었다고 합니다. 개선장군은 황금 왕관을 쓰고, 금으로 수놓은 자줏빛 외투인 '토가'를 입고, 네 필의 말이 끄는 전차에 올라 로마 시내 개선문을 통과하게 됩니다. 그때 로마 시민들은 모두 거리로 뛰쳐나와 승리의 찬사를 보내게 됩니다. 그러면 개선장군은 우쭐하게 되는데 그때 전차의 뒤편에 동승한 장군의 노예가 장군에게 다가가 이렇게 속삭인다고 합니다.

"메멘토 모리, 메멘토 모리."
"장군이여, 전쟁에서 승리했다고 너무 우쭐대지 마십시오."
"오늘은 개선장군이지만, 당신도 죽습니다. 그러니 겸손하게 행동하십시오."

메멘토 모리(Memento Mori)라는 말은 '기억하라(메멘토)'와 '죽음(모리)'을 의미하는 라틴어입니다. 그래서 메멘토 모리는 "자신의 죽음을 기억하라" 또는 "당신도 반드시 죽는다는 것을 기억하라"는 의미입니다. 그러나 우리가 살아가는 삶에 있어 죽음이라는 단어는 낯설고, 듣기 싫고 또한, 멀게만 느껴지는 것이 사실입니다. 그래서 사람들은 삶을 의미하는 숫자 3은 좋아하지만 죽음을 의미하는 숫자 4는 좋아하지 않습니다.

그래서 건물을 지을 때도 4층을 의도적으로 건너 띄기도 하고 심지어 상을 줄 때도 3등까지만 상을 주고 4등을 제외시켜 버립니다. 아마도 한자 가운데 죽을 사(死)자에 대한 이해 때문인 것 같습니다.

이 죽을 사(死)라는 한자어를 보십시오. 이 단어는 한일 '一' 자와 그 밑에 저녁 석 '夕' 과 비수(칼이나 화살)를 가리키는 비 '匕' 자로 구성됩니다. 즉, 죽음이란 한밤중에 갑자기 날아오는 비수(화살)와 같은 것이어서 캄캄한 밤에 날아오는 화살을 피하기가 쉽지 않다는 것입니다.

셸리 케이건의 죽음

예일대학교에서 죽음을 강의하는 셸리 케이건 교수는 17년 이상 동안 죽음에 대해 강의를 하면서 죽음의 특징을 네 가지로 분류합니다.

첫째, 죽음의 필연성입니다.
모든 인간은 죽고 죽음을 피할 수 없다는 말입니다.
둘째, 죽음의 가변성입니다.
죽는 나이가 정해져 있지 않다는 말입니다. 죽음은 필연적이지만 죽는 나이는 각자마다 다르다는 것입니다.
셋째, 죽음의 예측 불가능성입니다.
자기 죽음을 예측할 수 없다는 말입니다. 자신에게 얼마의 시간이 남아있는지를 아는 사람이 없다는 것입니다. 그래서 도둑같이 죽음의 날이 우리에게 임하는 것입니다.
넷째, 죽음의 편재성입니다.
우리는 언제, 어디서나 죽을 수 있다는 말입니다. 오랫동안 질병과 싸우다 죽을 수도 있고 갑작스럽게 찾아온 죽음을 맞이할 수도 있습니다. 그래서 죽음은 남의 이야기가 아닙니다.

톨스토이의 작품 『인간은 무엇으로 사는가?』 책에 보면 이런 이야기가 나옵니다.

미하엘이란 천사가 하나님의 명령을 어긴 벌로 지상에서 구두 수선공이 되어 살아가고 있었습니다. 미하엘은 자신에게 주어진 일을 하면서 하나님이 주신 몇 가지 문제를 풀어야 했는데 그중의 하나가 이것을 찾는 것이었습니다.

"하나님이 인간에게 베풀어 주지 않은 것이 무엇인가?"

어느 날 한 신사가 구두를 주문하기 위해 찾아왔습니다.

그리고 이렇게 말을 합니다.

"한 일 년 동안 튼튼하게 신을 수 있는 구두를 만들어 주십시오."

그런데 미하엘이 눈을 들어 보니 그 신사 옆에 죽음의 천사가 서 있었습니다. 죽음을 눈앞에 둔 사람이 "1년"을 운운하는 것을 보았던 미하엘은 하나님이 인간에게 베풀지 않은 것이 '죽음의 날짜'라는 것을 알게 됩니다. 우리는 모두 죽는 것은 확실하지만 언제 죽을지는 아무도 모릅니다. 그래서 늘 기억하며 살아야 할 말이 '메멘토 모리'입니다. 우리는 모두 자신의 죽음을 기억해야 하고 언제인지는 모르지만, 그때를 준비해야 합니다.

영혼을 맡기신 이유

> 하나님은 이르시되 어리석은 자여 오늘 밤에 네 영혼을 도로 찾으리니 그러면 네 준비한 것이 누구의 것이 되겠느냐 하셨으니 (눅 12:20)

오늘 본문에도 자신이 죽는다는 사실을 전혀 기억하지 못하고 살아가는 한 부자를 만나게 됩니다. 하나님이 이렇게 말씀하십니다.

"오늘 밤에 네 영혼을 도로 찾으리니."

여기서 영혼을 도로 찾는다는 것은 '죽음'을 의미합니다. 또한, "도로 찾는다는 것"은 하나님이 우리에게 영혼을 맡겨 주셨음을 의미합니다. 어떻게 보면 우리의 '인생'은 '하나님이 우리에게 생명을 맡겨 주신 것'이고, '죽음'이란 '하나님이 그것을 다시 가져가시는 것'입니다.

그렇다면 왜 하나님이 우리에게 영혼을 맡겨 주셨다가 도로 찾아 가실까요?

하나님이 우리에게 영혼을 맡겨 주셨다가 도로 가져가시는 것은 그냥 이 땅에서 잘 먹고 잘살라는 목적이 아닐 것입니다. 베드로전서 1장 17절을 보게 되면 사도 베드로는 "나그네로 있을 때를 두려움을 지내라"고 말합니다. 왜냐하면, 하나님이 우리의 행위대로 심판하시기 때문입니다.

마태복음 25장에도 주인이 종들에게 달란트를 맡겨 주고 오랜 후에 결산을 하는 모습을 발견하게 됩니다. 다시 말해, 하나님이 우리에게 영혼을 맡겨 주시고 도로 찾으시는 이유는 우리가 이 땅에서 해야 할 역할과 사명이 있기 때문입니다.

메멘토 모리 목적 사역

메멘토 모리 즉 죽음을 기억하며 산다는 것은 하나님이 우리에게 주신 하나님의 목적을 찾고 그 목적을 실현하는 삶을 살아가는 것을 의미합니다. 그러나 하나님의 목적을 가지고 살아가는 인생에 가장 큰 장애물은 '눈앞에 보이는 현실의 문제'입니다.

오늘 본문에 나오는 한 부자를 보십시오. 그는 자신의 밭에 풍성한 소출을 얻게 됩니다. 아마 아직 추수가 끝나지 않은 상태에서 새로 얻게 될 곡식 열매가 풍성한 소출을 얻게 되었다는 것을 의미합니다.

그런데 이미 자신의 곳간은 가득 차서 더 이상 그 곳간에 쌓아둘 곳이 없습니다. 다시 말해, 이 부자는 과거의 삶에도 하나님의 은혜로 풍성하게 채워졌습니다. 그리고 현재의 삶에도 하나님의 은혜가 풍성하게 부어지고 있습니다. 이 부자는 한 마디로 '하나님의 은혜를 입은 자'입니다.

그런데 하나님의 은혜를 과거에도 그리고 현재에도 입고 있지만, 이 부자의 관심은 여전히 '현실의 문제'에만 국한되고 있다는 것을 보게 됩니다. 어떻게 하면 현실의 풍성한 은혜로 더 큰 부자가 되고, 어떻게 하면 더 많이 모으고, 어떻게 하면 더 멋진 삶을 살 것인가에 대한 고민만 하고 있습니다. 하나님이 주신 은혜의 목적을 돌아보지 못합니다. 또한, 자신 앞에 있는 죽음도 보지 못했습니다. 그러다 보니, 그렇게 허무하게 자기 죽음을 맞이하게 되는 것입니다.

이는 반대의 상황도 마찬가지입니다. 소출이 풍성하지 못하고 내 곳간에 채울만한 것이 없는 현실을 맞이할 때도 많은 사람은 죽음을 생각할 여유를 가지지 못합니다.

또한, 하나님의 목적을 생각할 여유도 없습니다. 주어진 막막한 현실 앞에 어떻게 하면 곳간을 채우고 또 어떻게 하면 소출을 더 많이 얻을까만 고민하기 때문입니다. 우리가 살아가는 세상 속에서 현실의 문제는 아주 중요하고 무거운 비중을 차지하는 것이 분명하지만 죽음을 기억하며 살아가는 일에 가장 큰 걸림돌 또한, 우리의 '현실'의 문제라는 것을 기억해야 합니다.

오래전 미국의 큰 석유 회사 사장이 중국에 지사를 내면서 관리 책임자를 찾고 있었습니다. 그러나 중국 언어와 문화를 잘 아는 적임자를 구하기가 쉽지 않았습니다. 그러다 적합한 인물을 추천받았는데 그 사람에게 중국 지사의 책임을 맡아줄 것을 요청하였습니다.

추천받은 사람은 그 당시 중국에서 선교 활동을 하고 있던 '조지 투르투' 선교사였습니다. 그 선교사는 당시 연봉 600달러(한 달에 $50)의 적은 돈으로 선교와 자신의 삶을 살아가야 하는 힘겨운 현실을 살아가고 있었습니다. 이를 안 석유 회사 측에서는 그에게 최고 15,000달러(한 달에 $1,250)의 연봉을 주겠다고 했습니다.

이때 투르투의 대답은 분명했습니다.

> 제가 받을 연봉은 엄청나게 크지만 당신들이 제안하는 일이 너무 작습니다. 저는 15,000달러를 받고 중국 사람들에게 석유를 팔기보다는 지금처럼 600달러를 받고 중국을 그리스도께 인도하는 것이 저에게는 훨씬 더 큰 일입니다.

우리의 삶에 돈과 성공은 대단히 중요한 것입니다. 그러나 돈보다 중요한 것은 하나님께 받은 소명, 다른 말로 하나님이 주신 목적을 찾는 것입니다. 하나님의 목적 안에서 살아가고 또한, 하나님이 주신 목적을 위해 자기 삶을 바치는 인생은 자기 죽음을 기억하며 또한, 자기 죽음을 준비하는 인생입니다.

현실은 여전히 우리를 힘들게 하고 때로는 우리의 눈을 멀게 만듭니다. 그러나 현실의 도전을 이겨내야 우리는 하나님의 목적을 기억하여 하나님 앞에 다시 서기 위한 준비를 하며 살아갈 수 있게 됩니다.

그러므로 메멘토 모리, 나의 죽음을 기억해야 합니다. 죽음이 멀리 있는 것이 아니라 가까이 있다는 것을 기억하십시오. 지금부터라도 나를 부르신 하나님의 목적을 찾고 부르신 소명을 기억하며 살아가십시오.

메멘토 모리 준비 사역

> 하나님은 이르시되 어리석은 자여 오늘 밤에 네 영혼을 도로 찾으리니 그러면 네 준비한 것이 누구의 것이 되겠느냐 하셨으니(눅 12:20).

"네 영혼을 도로 찾는 것"이 죽음이라면 오늘 우리가 확인해야 하는 것은 그 죽음 앞에 '우리가 무엇을 준비하고 있는가?' 이런 물음입니다. 안타깝게도 이 부자는 죽음 직전까지 "곳간을 헐고 더 크게 짓는 것"이었습니다.

> 또 이르되 내가 이렇게 하리라 내 곳간을 헐고 더 크게 짓고 내 모든 곡식과 물건을 거기 쌓아 두리라(눅 12:18).

부자의 곳간

그렇다면 그가 곳간을 헐고 크게 짓는 이유가 무엇일까요?
자신의 소유를 팔아 구제하기 위한 것일까요?
아니면 자신의 곡간으로 하나님의 나라를 준비하는 것일까요?

부자의 곳간은 철저하게 자기를 위해 그리고 자신의 풍성한 미래를 위해 준비하는 것입니다. '내 곡간, 내 모든 곡식, 내 모든 물건' 모든 것의 주어가 '자신'이었고 '내 것'이었습니다.

헬라어 성경을 보면 여기에 나오는 동사도 모두 주어가 '나'입니다. 그래서 "내가 할 것이다, 내가 헐 것이다, 내가 지을 것이다, 내가 거두어들일 것이다." 오직 부자는 자신의 곳간을 위해 그리고 자신이 미래에 얻을 유익만을 위해 무엇인가를 준비하며 살아가고 있었던 것입니다.

어떤 강사가 한 사람에게 세상에서 가장 예쁜 사람을 한 글자로 줄이면 무엇인지 아느냐고 물었습니다.

그러자 '나'라고 대답했습니다.
두 자로 줄이면 '또 나',
세 자로 줄이면 '역시 나',
네 자로 줄이면 '그래도 나',
다섯 자로 줄이면 '다시 봐도 나',
여섯 자로 하면 '아무리 봐도 나',
일곱 자로 하면 '다시 생각해도 나'라고 대답했다고 합니다.

이렇게 사람들은 늘 자기 자신을 중심으로 살아가고 또한 자기 자신을 위해 자신의 모든 것을 준비하며 살아가려고 합니다.

성경학자 윌리엄 바클레이(William Barclay)는 이렇게 분명하게 지적하며 말합니다.

"어리석은 부자 비유에 나오는 '나'라는 대명사는 침략 대명사(Aggressive Pronoun)인데 이는 하나님의 주권을 침략하는 자기중심적인 단어다."

죽음은 내가 소유하고 내가 준비한 모든 것을 다 내려놓는 시간입니다. 메멘토 모리, 죽음을 기억해야 합니다. 자기 죽음을 기억하지 못하고 살아가는 인생은 이 부자처럼 부자의 곳간을 채우기 위해 늘 '자신'만을 생각하고 또 자신만을 위해 준비하며 살아가다 준비한 것이 자신이 아닌 다른 사람에게로 가게 되는 것을 보게 될 것입니다.

> 하나님은 이르시되 어리석은 자여 오늘 밤에 네 영혼을 도로 찾으리니 그러면 네 준비한 것이 누구의 것이 되겠느냐 하셨으니 (눅 12:20).

성경은 분명히 이 부자를 가리켜 "어리석은 자"라고 부릅니다. 어리석다는 말은 인생의 참된 가치가 어디에 있는가를 알지 못하고 분별하지 못하는 지혜 없는 자라는 것을 말합니다. 결국, 자기 죽음을 기억하며 살아가는 메멘토 모리는 누구를 위해 그리고 무엇을 위해 자기 삶을 준비해야 하는지에 대한 분별력을 가진 자입니다.

자기를 위하여 재물을 쌓아 두고 하나님께 대하여 부요하지 못한 자가 이와 같으니라(눅 12:21).

성경은 분별력 있는 삶을 위해 '자기를 위하여 준비하지 말고 하나님께 대하여 준비하라'고 지혜를 알려줍니다.

너희 소유를 팔아 구제하여 낡아지지 아니하는 배낭을 만들라 곧 하늘에 둔 바 다함이 없는 보물이니 거기는 도둑도 가까이 하는 일이 없고 좀도 먹는 일이 없느니라(눅 12:33).

다만 너희는 그의 나라를 구하라 그리하면 이런 것들을 너희에게 더하시리라(눅 12:31).

영적 곳간

자기를 위하여 부자의 곳간을 준비하지 말고 하나님은 자신의 소유를 팔아 가난한 자들을 위한 곳간을 준비하고 또한 하나님의 나라를 위해 곳간을 준비하는 삶을 살라고 말씀하십니다.

이것이 등불을 켜고 주인이 오시기를 기다리는 삶입니다. 이 주인은 생각지 않은 때에 찾아오는 죽음과 같습니다. 이 주인이 오시기를 기다리고 준비하는 자는 결국 기쁨으로 주인을 맞이하여 주인의 칭찬받게 될 것입니다.

허리에 띠를 띠고 등불을 켜고 서 있으라 너희는 마치 그 주인이 혼인 집에서 돌아와 문을 두드리면 곧 열어 주려고 기다리는 사람과 같이 되라 (눅 12:35-36).

메멘토 모리 돌봄 사역

메멘토 모리, 자기 죽음을 준비하는 사람은 자신의 영혼을 돌보는 인생이 되어야 합니다. 자기 죽음을 준비하지 않는 인생은 오직 자신의 육신만 돌보다 영혼을 내버려 두고 맙니다.

또 내가 내 영혼에게 이르되 영혼아 여러 해 쓸 물건을 많이 쌓아 두었으니 평안히 쉬고 먹고 마시고 즐거워하자 하리라 하되(눅 12:19).

우리는 부자의 두 가지 착각을 발견하게 됩니다.

첫째, 부자는 자신의 육신을 돌보는 행동을 영혼을 돌보는 행동이라고 착각하고 있습니다. 부자는 자신의 육신을 위해 여러 해 물건을 많이 쌓아 두었는데 그것이 자신의 영혼을 위한 행동이라고 생각하고 있습니다. 그러나 육신을 위해 아무리 쌓아 두어도 영혼은 그것으로 인해 쉼을 누릴 수 없다는 것을 그는 모르고 있었습니다.

둘째, 육체를 평안히 쉬고 먹고 마시고 즐기게 되면 영혼이 만족할 것으로 생각합니다. 즉, 육체가 배부르고 육신이 좋은 곳에서 쉬고 즐기면 영혼도 쉼을 누리고 평안을 누리게 된다고 생각하지만 그렇지 않습니다.

제34대 미국 대통령이었던 아이젠하워 대통령이 임종을 앞둔 어느 날, 그가 있던 병원에 빌리 그래함 목사님이 방문했습니다. 허락된 30분의 면회 시간이 끝나고 목사님이 나가려 하자, 아이젠하워 대통령이 그를 붙잡습니다. 그러자 빌리 그래함 목사님이 묻습니다.

"혹시 뭐 더 하실 말씀이 있으십니까?"

그때 아이젠하워 대통령이 이렇게 말했습니다.

"목사님, 이제 곧 내가 하나님을 만나야 하는데 어떻게 하나님을 만나야 할지 저에게는 확신이 없습니다. 도와주십시오."

그때 빌리 그래함 목사님이 자기 주머니에 있던 신약성경을 꺼내 놓고 어떻게 죄 사함을 받을 수 있는지, 또 어떻게 하나님의 자녀가 되어 구원받을 수 있는지를 설명하기 시작했습니다.

"우리는 절대 우리의 노력과 선행으로 구원받지 못합니다. 또한, 우리의 업적으로도 구원받지 못합니다. 오직 하나님의 독생자 예수 그리스도를 믿고 우리의 죄를 회개하고 예수 그리스도를 나의 구주와 주님으로 영접해야 합니다. 그러면 우리는 하나님의 자녀로 하나님 앞에 설 수 있습니다."

아이젠하워 대통령은 바로 그 자리에서 예수님을 자신의 구주와 주님으로 영접했습니다. 그리고 떠나가는 빌리 그래함 목사님에게 이렇게 말합니다.

"감사합니다. 목사님, 이제 나는 하나님 앞에 설 준비가 되었습니다."

메멘토 모리, 자기 죽음을 기억하며 살아가는 성도라면 자신의 영혼을 돌보아야 합니다. 여러 해 쓸 물건을 쌓아 두는 것이 영혼을 위한 준비가 아니라 또한 영혼을 위해 쉼을 공급하고 즐거움의 시간을 제공하는 것이 영혼을 위한 것이 아닙니다. 하나님 앞에 돌아가야 하는 우리의 영혼이 하나님 앞에 설 준비를 해야 합니다. 지금 죽어도 천국에 갈 준비가 되어야 합니다. 복음을 영접하고 예수님만이 우리가 하나님께 이를 수 있는 유일한 길이라는 것을 믿어야 합니다.

잘됨의 법칙

> 사랑하는 자여 네 영혼이 잘됨 같이 네가 범사에 잘되고 강건하기를 내가 간구하노라(요삼 :2).

그러므로 우리의 영혼은 영혼의 주인 되신 하나님과 연결되어야만 진정한 쉼을 누리고 영적인 돌봄을 경험하게 됩니다. 그래서 영혼을 돌본다는 것은 어떻게 보면 우리의 영혼이 잘되는 것과 연결됩니다. '잘되다'는 단어의 원어는 '잘'이라는 단어와 '길'이라는 단어가 합쳐져서 그 의미를 만들어가고 있는데 즉 '하나님이 주신 길을 우리의 영혼이 제대로 잘 걸어가는 것'을 의미합니다.

그래서 영혼을 돌보는 삶이란 이렇게 말할 수 있습니다.

첫째, 하나님의 진리 말씀에 늘 순종하는 삶을 살아야 합니다.

둘째, 영혼을 거슬러 싸우는 죄를 미워하고 죄를 씻는 삶을 살아야 합니다.

셋째, 우리의 영혼이 날마다 하나님의 은혜와 긍휼을 힘입도록 날마다 하나님 앞에 나가야 합니다.

넷째, 자기를 부인하고 또한 철저한 내려놓음을 통해 영혼의 주인이신 하나님께 굴복해야 합니다.

결국, 영혼을 돌본다는 것은 "내가" 사라지고 하나님만 드러나는 삶을 의미합니다.

다시 말해, 하나님이 우리의 영혼의 주인이 되시도록 새롭게 영적 질서를 세워가는 삶을 의미합니다.

정리하면 이렇습니다.

첫째, 하나님의 말씀 앞에 순종함으로 영적인 근육을 키워나가야 합니다.

둘째, 회개와 죄 씻음으로 날마다 우리의 영혼은 더러운 죄의 때를 밀어야 합니다.

셋째, 우리의 영혼은 하나님의 은혜와 긍휼이라는 수분을 매일 공급받아야 합니다.

넷째, 하나님의 뜻과 주권 앞에 자기를 부인함으로 하나님과 바른 관계를 세워나가야 합니다.

그럴 때 우리 영혼은 주인 되시는 하나님 손안에서 돌봄을 경험하게 되는 것입니다.

제 방에는 요즘 화분 하나가 자라고 있습니다. 작년 스승의 날에 받은 선물입니다. 죽이지 말고 잘 키워달라는 당부를 받고 열심히 키워가고 있습니다. 그런데 예전에는 제가 키우던 모든 화분은 종류에 상관없이 얼마 못 가서 다 죽고 말았습니다. 어떤 것은 물을 제때 주지 않아 말라 죽었고, 또 어떤 화분은 너무 물을 많이 주어 썩어 죽었습니다. 아마도 제가 제대로 돌보는 방법을 알지 못했기 때문입니다.

그런데 어느 순간부터 제가 돌보는 화분들이 살아나고 싱싱하게 푸름을 띠는 것을 보게 되었습니다. 제 방에서 자라는 화분들은 햇빛도 거의 보지 못하지만 제가 관심을 가지고 돌보기 시작하면서 이 화분이 자기 생명력을 자랑하기 시작했습니다. 죽은 것처럼 보였던 가지에서 새로운 잎이 나오기 시작하고 무성해지기 시작했습니다. 매일 분무기로 물을 주었습니다. 그리고 흙이 마른 것처럼 보이면 풍족하게 물을 공급해 주었습니다. 심지어 영양 공급이 필요할 때가 되면 비료도 주었습니다.

독일의 철학자 에리히 프롬은 말합니다.

"꽃을 사랑한다고 말하면서 꽃에 물을 주지 않는다면 그것은 꽃을 사랑하지 않는 것입니다."

사랑한다는 것은 돌봄의 필요를 외면하지 않는 것입니다. 마찬가지로 우리의 영혼도 돌봄이 필요합니다. 우리의 영혼은 하나님이 다시 찾으시는 대상이기 때문입니다. 주님이 부르시는 그날까지 아름답고 건강하게 유지하고 관리해야 할 대상이 바로 우리의 영혼입니다. 그래서 늘 우리의 영혼이 하나님과 교제하고 연결되고 하나님 안에서 쉼을 누리기 위해 노력해야 합니다. 이것이 메멘토 모리, 자기 죽음을 준비하는 자들이 해야 하는 한 가지, 바로 영혼의 돌봄입니다.

메멘토 모리, 우리는 모두 죽습니다. 자기 죽음을 기억하며 살아가야 합니다. 우리에게 영혼을 맡기신 참된 이유를 찾아야 합니다. 우리는 하나님 앞에 가기 전에 해야 할 일이 있습니다. 잘 먹고 잘살라고 우리에게 영혼을 맡겨 주신 것이 아닙니다. 우리는 부자의 곳간을 채우느라 불필요한 시간 낭비를 하지 말고 하나님의 영적 곳간을 채워나가는 창조적인 사역을 준비해야 합니다.

하나님은 그것을 위해 우리를 보내셨고 맡기셨고 또한 은혜를 베풀어 주신 것입니다. 우리의 영혼이 평안히 쉬고 마시고 즐거워하게 하는 것이 하나님이 우리에게 영혼을 맡기신 목적이 아니라는 것을 깨닫는다면 오늘 무엇을 해야 하는가를 자신에게 질문해야 합니다.

메멘토 모리. 죽음을 기억하십시오. 하나님이 다시 부르시기 전에 우리의 영혼에 관심을 가지고 돌봄이 시작되어야 합니다. 영혼이 잘 되게 하는 것, 거기에서 우리의 메멘토 모리가 시작되어야 합니다.

| 말씀 | Activity | 데스 클리닝(Death Cleaning) |

  데스 클리닝은 죽음을 앞두고 자신이 가진 것을 점검하고 정리하는 것을 목적으로 합니다. 죽음에 대비해 미리 자신의 물건을 버리거나 기부할 수도 있고 자신의 남은 날을 계획하고 준비할 수 있습니다. 특히 데스 클리닝을 준비할 때 크게 세 가지 면에서 자신의 삶을 정리해야 합니다.

  첫째, 자신이 가지고 있는 물건에 대한 정리입니다.
  많은 사람이 죽은 사람의 물건을 다시 사용하는 것을 불편하게 생각하여 태우거나 버리는 경우들이 있습니다. 아직 쓸만하고 괜찮은 물건인데 죽은 사람의 물건이라는 이유 때문에 불편한 것입니다.
  그래서 데스 클리닝에서 가장 먼저 해야 하는 것은 자신이 가지고 있던 물건 중에 버리거나 나누어야 할 물건을 미리 구분해 두고 조금씩 나누는 것입니다. 그럴 때 자신이 아끼고 귀히 여기던 물건들이 다른 사람들의 손에서 귀하게 사용될 수 있습니다.
  둘째, 정리해야 할 중요한 것은 자신이 가진 재산에 대한 부분입니다.
  증여는 산사람끼리 하는 것이고 상속은 재산 소유자의 사망 후에 이루어지는 것입니다. 비록 세금은 상속보다 증여가 더 크지만, 재산 소유자가 사망 이후 남겨진 재산으로 자녀들의 다툼과 분쟁이 될 수 있기에 살아 있을 때 정리하는 것도 방법입니다.
  증여세는 배우자에게 하는 증여는 6억 원까지 공제가 되고 직계존비속(성년)에게는 5천만 원까지 공제가 됩니다. 만약 미성년자에게 증여하게 된다면 일천만 원까지는 과세가 되지 않습니다. 가족 외에도 기부나 헌금을 통해 아름답고 가치 있게 남은 재산을 사용할 수도 있습니다.

셋째, 자신의 신체(몸)에 대한 정리가 필요합니다.

우리는 자기 몸에 대한 정리를 중요하게 여기지 않습니다. 특별히 연명 의료에 대한 의견을 자녀들이나 남은 가족들에게 미리 알릴 필요가 있고 사전 연명 치료 의향서를 작성하는 것도 자신의 신체에 대한 정리 방법 가운데 하나입니다. 연명 의료란 말기 환자나 임종 과정에 있는 환자와 같이 가까운 시일 내에 임종할 것으로 예측되는 환자에게 실시하는 연명 의료 치료를 의미합니다.

일반적으로 연명 의료에 대한 부분은 '심폐 소생술, 혈액 투석, 항암제 투여, 인공호흡기 착용, 수혈, 체외 생명 유지술, 혈압 상승제 투여'와 같은 것들이 있습니다. 만약 '중단'을 미리 선택하여 알려 주게 되면 남은 가족들이 고인(故人)의 의중대로 특별한 연명 의료를 통해 생물학적인 생명을 유지하지 않고 편하게 임종을 맞이하도록 도울 수 있게 됩니다.

데스 클리닝(Death Cleaning)

솔직하게 자신이 가지고 있는 물건과 재산 그리고 신체에 대한 생각을 정리해 봅시다.

1. 물건

*자신이 가지고 있는 물건 List:

	리스트	항목	시기
1)	버려야 할 물건 List		
2)	나누어 주어야 할 물건 List		
3)	끝까지 가지고 있어야 할 물건 List		

2. 재산

*자신이 가진 재산(동산, 부동산, 현금, 통장, 보험):

	리스트	항목	시기
1)	자녀들에게 나눠주기 원하는 재산		
2)	기부나 헌금을 통해 나누기 원하는 재산		

3. 신체

1) 장기 기증을 할 신체 List:

2) 연명 의료 유보 vs 중단

(중단을 선택하면 연명 의료를 받지 않게 됩니다. 연명 의료란 말기 환자나 임종 과정에 있는 환자와 같이 가까운 시일 내에 임종할 것으로 예측되는 환자에게 실시하는 연명 의료 치료를 의미합니다. 사전에 미리 연명 의료에 대한 의향서를 작성하거나 가족들에게 밝혀 두는 것이 좋습니다.)

* 연명 의료 대상: 심폐 소생술, 혈액 투석, 항암제 투여, 인공호흡기 착용, 수혈, 체외 생명 유지술, 혈압 상승제 투여 등

아모르 파티

(*Amor Fati*)

    한때 트로트 가수로 최고의 인기를 얻었던 가수 김연자 씨는 2013년 <아모르 파티>라는 곡을 내고 제2의 전성기를 맞이하게 되었습니다. 그녀의 이름과 아모르 파티라는 곡은 대중문화계의 핫 키워드가 되었고 트로트의 장벽이었던 젊은 층까지 아우르는 폭발적인 인기까지 얻게 되었습니다.

    '아모르 파티'라는 단어는 어떤 사교 모임 파티를 의미하는 것이 아닌 철학적인 깊이를 가진 단어입니다. 김연자 씨의 <아모르 파티>의 노랫말에도 나오는 것처럼 "오늘보다 더 나은 내일이면 돼, 인생은 지금이야. 아모르 파티" 이것이 아모르 파티입니다.

아모르 파티

    아모르 파티(*Amor Fati*)라는 말은 라틴어입니다. '아모르(*Amor*)'는 사랑, '파티(*Fati*)'는 영어로 'Fate' 즉 운명을 의미하는 단어인데 운명에 대한 사랑으로 번역할 수 있습니다.

이 말은 독일의 철학자인 프리드리히 니체의 사상 가운데 하나인데 인간에게 필연적으로 다가오는 운명을 피하지 말고 오히려 긍정적으로 받아들이고 사랑하라는 의미입니다. 그래서 아모르 파티는 우리의 삶에 다가오는 고통, 상실, 좋고 나쁜 것을 포함하여 삶에서 발생하는 모든 운명적인 것을 받아들이고 사랑하라는 의미입니다.

그러나 성경에서 말하는 아모르 파티는 니체가 말하는 것과 근본적인 시작점이 다릅니다. 니체는 신은 죽었다고 믿었기에 극단적인 허무주의 안에서 인간의 존재는 목적도 이유도 끝도 없이 영원히 반복되는 인생을 살아가게 된다고 믿었습니다. 그래서 지금 자신에게 주어진 현실 즉 운명을 받아들이고 사랑하라고 말했던 것입니다.

그러나 성경에서 말하는 아모르 파티는 '메멘토 모리' 즉 죽음을 기억하라는 말과 연결해서 하나님이 도로 찾으시는 것이 우리의 '영혼'이라면 우리는 하나님이 우리를 다시 부르시기 전까지 하나님이 우리에게 주신 삶을 받아들이고 사랑하는 아모르 파티를 시작해야 한다는 의미입니다.

다시 말해, 니체의 아모르 파티는 하나님이 없는 자신의 운명을 받아들이고 사랑하라는 의미였다면 성경이 소개하는 아모르 파티는 하나님이 우리에게 주신 삶을 받아들이고 사랑하라는 것입니다. 즉, 아모르 파티의 핵심은 '죽음을 통해 삶의 소중함을 발견하라'는 말입니다.

죽음을 받아들이는 기술

생사학의 선구자 엘리자베스 퀴블러 로스 교수는 '인생 수업'에서 이런 말을 합니다.

"죽음을 앞둔 사람들이 가르쳐 주는 가장 놀라운 교훈 중 하나는 불치병을 진단받는 순간에 삶이 끝나는 것이 아니라 바로 그때 진정한 삶이 시작됩니다. 죽음의 실체를 인정하는 순간 우리는 삶이라는 실체도 인정하게 되고 주어진 모든 날을 최선을 다해 살아가게 됩니다."

호스피스 병동의 의사로 평생을 살아왔던 김여환 박사도 『죽기 전에 더 늦기 전에』라는 책에서 "죽음을 배우면 달라지는 것은 죽음이 아니라 삶이 달라진다"고 말했습니다. 다시 말해, 내가 죽는다는 것을 알고 받아들이게 되면 지금 내게 주어진 삶을 더 사랑하고 최선을 다해 살아가게 된다는 것입니다. 그래서 우리는 메멘토 모리 즉, 죽음을 기억해야 지금 내게 주어진 삶, 하나님이 내게 주신 삶을 받아들이고 사랑할 수 있게 되는 것입니다.

요한복음의 구성

우리가 읽고 있는 요한복음은 크게 두 부분으로 구성되어 있습니다. 1-12장까지는 표적의 책인데 예수님이 이 땅에 오셨지만, 세상이 그를 알지 못했고 영접하지 않습니다. 그래서 예수님은 이 부분에서 많은 표적을 행하십니다.

> 이렇게 많은 표적을 그들 앞에서 행하셨으나 그를 믿지 아니하니(요 12:37).

요한복음의 앞부분 결론은 주님이 그렇게 많은 표적을 그들 앞에서 행하셨으나 그들이 주님을 믿지 않는 것으로 끝나게 됩니다. 그래서 두 번째 부분인 13-20장까지는 '영광의 책'이라는 부제가 붙는데 이제는 예수님의 표적이나 기적이 거의 등장하지 않고 대신 예수님이 영광 가운데로 나가기 위해 십자가의 죽음을 선택하고 준비하시는 모습이 등장합니다. 다시 말해, 요한복음 13장부터는 주님이 자신에게 곧 다가올 죽음을 준비하는 모습을 보여 주십니다.

'돌아가는' 인생

> 유월절 전에 예수께서 자기가 세상을 떠나 아버지께로 돌아가실 때가 이른 줄 아시고 세상에 있는 자기 사람들을 사랑하시되 끝까지 사랑하시니라(요 13:1).

예수님이 자기가 세상을 떠나 아버지께로 돌아가신다는 것은 '죽음의 때'가 다가왔다는 것을 의미합니다. 특별히 '돌아가다'라는 단어를 살펴보면 '한 곳에서 다른 곳으로 옮겨가는 것'을 의미합니다. 그리고 '한 상태에서 다른 상태로 도달하다'라는 의미도 품고 있습니다. 또한, 이 단어에는 '거처를 옮기다'라는 의미도 포함되어 있습니다.

다시 말해, '돌아가다'라는 단어 속에는 '죽음'이라는 단어의 정의가 들어있습니다. 죽음이란 이곳에서 다른 곳으로 가는 것이고 또한 이 상태에서 다른 상태로 옮겨가는 것을 의미합니다. 그리고 죽음이란 지금 우리가 살아가는 육신의 거처에서 하늘의 거처로 자리를 옮기는 것을 의미합니다.

그러나 죽음이 단순하게 하늘로 돌아가는 것이 아니라 예수님의 말씀처럼 '아버지께로' 돌아가는 것입니다. 우리에게 천국이 의미가 있는 것은 아버지가 계신 곳이고 아버지께로 돌아가는 것이기 때문입니다.

예수님은 이제 자신에게 시간이 얼마 남지 않았다는 것을 아셨습니다. 아버지께로 돌아갈 때가 이제 곧 다가오고 있다는 것을 아신 것입니다. 주님께 시한부 인생에 대한 선고가 주어졌고 주님은 이미 자신이 시한부 인생이라는 것을 알고 계셨습니다. 이제 곧 주님은 십자가를 지셔야 하고 자기와 함께 했던 사람들을 떠나야 한다는 것을 아셨습니다. 그렇기에 주님은 자신이 무엇을 해야 하며 어떻게 살아야 하는지를 알고 행동하시는 것입니다.

시한부 인생

우리는 모두 시한부 인생의 삶을 살아가고 있습니다. 어떤 사람들은 병원에서 얼마 밖에 남지 않았다는 말을 듣고 실제로 시한부 인생으로 살아가는 사람이 있는가 하면 또 어떤 이들은 그러한 직접적인 언질을 받지 못했지만, 암묵적으로 받은 시한부 선고를 통해 얼마 후에 죽게 된다는 것을 알고 있습니다. 다시 말해, 우리는 모두 시한부 인생이라는 것입니다. 그렇다면 우리에 필요한 것은 시한부 인생이라는 것에 분노하고 반발하며 시간을 낭비하는 것이 아니라 어떻게 살아야 하는가를 생각하며 살아가야 합니다.

예수님도 자신이 세상을 떠나 아버지께로 돌아가실 때가 이르렀을 때 자신이 무엇을 해야 하는가를 아셨고 그것에 집중하셨습니다. 그것이 바로 '사랑'하는 것이었습니다.

그렇다면 주님이 사랑하신 삶 즉, 아모르 파티는 어떤 것이었을까요?

하나님이 주신 세상(일)

예수님이 사랑하신 것은 하나님이 자신에게 주신 '세상'이었습니다. 이 '세상'이라는 공간은 요한복음 3장 16절 말씀처럼 '하나님이 이처럼 사랑하신 곳'이었습니다. 그리고 주님도 끝까지 사랑하신 곳입니다(요 13:1).

다시 말해, 하나님이 사랑하신 세상은 하나님의 구원이 필요한 공간이었고, 주님이 사랑하신 세상은 자신이 감당해야 할 사명이 있는 장소였습니다. 그래서 주님은 그 사명을 감당하시기 위해 자신에게 주어진 사명의 장소, '세상'을 사랑하신 것입니다.

그렇다면 세상이란 어떤 곳일까요?

세상을 화장(化粧)하라!

　세상이란 단어는 헬라어로 '코스모스'(Cosmos)입니다. '세상', '세계'를 의미하는 단어입니다. 그런데 이 코스모스라는 단어를 살펴보다 보니 몇 가지 재미있는 뜻이 있는 것을 보게 됩니다.
　'코스모스'라는 헬라어 단어는 '꾸밈', '장식'(Adornment)이라는 뜻이 있는데 이 단어가 나중에 '코스메틱'(Cosmetic) 즉 '화장품'이라는 단어로 발전하게 됩니다. 화장품이란 '자신의 결점을 감추는 도구'로 사용되는 것인데 그 자체로 아름답지 못한 것을 아름답게 꾸며 주기 위해 사용하는 것입니다.
　어떻게 보면 하나님이 원하시는 것은 죄로 인해 결점을 가진 존재가 되어 버린 세상을 미워하고 외면하는 것이 아니라 세상을 아름답게 만들기 위해 아들이신 예수님을 십자가에 못 박는 삶이었습니다. 그래서 세상의 결점 즉, 죄를 감추고 아름답게 만들어 가도록 하신 것입니다.

세상의 질서(秩序)를 회복하라!

　또한, 이 '코스모스'라는 단어에는 질서(Order)라는 뜻이 있습니다. 창세기 1장에 나오는 세상은 땅이 공허하고 혼돈하고 무질서 가운데 있었습니다. 그런데 하나님이 창조를 통해 새로운 세상의 질서를 만들어 주셨습니다. 그리고 '보시기에 좋았더라' 즉, '토브'라고 말씀하셨습니다.

그러나 인간의 죄로 인해 하나님이 만드신 세상의 질서는 무너졌고 엉망이 되어 버렸습니다. 그래서 하나님은 무너진 세상의 질서를 다시 세워나가시기 위해 자기 아들을 십자가 위에 죽이심으로 다시 영적 질서를 회복하기를 원하신 것입니다.

결국, 주님은 하나님이 자신을 보내신 이유를 아셨고 세상을 다시 아름답게 그리고 다시 질서를 세워나가는 사명을 위해 세상을 사랑하사 자신을 십자가에 내어주셨습니다. 우리 모두도 자신만의 세상 안에 살아가고 또한 자신만의 세상을 만들어가고 있습니다. 그 세상에 하나님이 주신 사명이 있고 또한 우리가 감당해야 할 사명이 있습니다. 하나님이 나를 통해 아름답게 하기 원하시는 세상이 어디인지 그리고 나를 통해 질서를 세워나가기 원하시는 세상이 어떤 곳인지를 우리는 기도하고 사랑해야 합니다.

루트 파우 수녀에게 주신 '세상'

독일인 의사였던 루트 파우 수녀는 1960년 인도로 가던 중 비자 문제로 잠시 파키스탄의 카라치지역에 체류하게 됩니다. 그런데 그곳에서 운명과도 같이 한센병 환우들을 만나게 됩니다. '쥐가 우글대는' 빈민굴에서 만난 한센병 환우들 모습에 충격을 받은 그는 그 길로 그곳에 자리를 잡고 50년간 그들을 보살피게 됩니다. 하나님이 자신에게 주신 세상을 발견하게 된 것입니다.

루트 파우 수녀는 질병이 난무하고 고통과 기아에 시달리며, 매일 사람들이 죽어 나가는 전쟁터 같은 그곳에 병원을 세우고 환자들을 치료해 나갔습니다. 그곳 한센병 센터를 통해 5만여 명의 한센병 환자가 치유되었습니다. 또한, 자기 이름을 딴 '루트 파우 자선재단'을 설립하여 결핵 치료에 나섰고 각종 의료·원조 프로젝트를 기획했으며 의료진(간호사)을 양성하는 데 전력을 쏟았습니다. 하나님이 자신에게 주신 세상을 찾았고 그 세상에서 자신이 무엇을 해야 하는가를 알았기 때문입니다.

우리가 살아가는 세상, 아니 내가 살아가는 세상에서 하나님이 내게 주신 세상을 보아야 합니다. 그래야 내가 해야 할 일, 그리고 내가 아름답고 질서 있게 만들어가야 할 세상을 사랑할 수 있게 되는 것입니다.

하나님이 자기에게 주신 '자기 사람들'

주님은 하나님이 자신에게 주신 세상에서 자신이 해야 할 일에만 집중하신 것이 아니라 하나님이 자신에게 주신 사람들까지 사랑하셨습니다.

> 유월절 전에 예수께서 자기가 세상을 떠나 아버지께로 돌아가실 때가 이른 줄 아시고 세상에 있는 자기 사람들을 사랑하시되 끝까지 사랑하시니라 (요 13:1).

주님이 사랑하신 '자기 사람들'이란 성경 저자가 특별한 의도를 가지고 기록한 단어인데 '가장 먼저 주님을 따라다닌 제자들'을 의미합니다. 그리고 이 '자기 사람들'은 "하나님이 예수님께 주신 사람들"입니다.

> 아버지께서 내게 주시는 자는 다 내게로 올 것이요 내게 오는 자는 내가 결코 내쫓지 아니하리라 (요 6:37).

그리고 이 '자기 사람들'은 그 누구도 그리스도에게서 빼앗을 수 없는 사람들을 가리킵니다.

> 내가 그들에게 영생을 주노니 영원히 멸망하지 아니할 것이요 또 그들을 내 손에서 빼앗을 자가 없느니라 그들을 주신 내 아버지는 만물보다 크시매 아무도 아버지 손에서 빼앗을 수 없느니라 (요 10:28-29).

그래서 이 '자기 사람들'은 그리스도께서 죽으셔야 하는 이유가 되는 사람들입니다. 주님은 친구를 위해 목숨을 버리는 것보다 더 큰 사랑이 없다는 것을 증명하셨고(요 15:13), 자기 양을 위해 목숨을 버리시는 사랑을 직접 십자가에서 실천하셨습니다(요 10:15).

그리고 자신이 몸으로 삼으신 교회를 위해 자신을 내어주시기까지 하셨습니다(엡 5:25). 주님은 자기 사람들을 위해 자신의 가장 귀한 것을 내어주신 것입니다. 이것이 주님이 사랑하신 아모르 파티였습니다.

'자기 사람들 - 서로'

주님은 자기 사람들을 사랑하셨습니다.

> 새 계명을 너희에게 주노니 서로 사랑하라 내가 너희를 사랑한 것 같이 너희도 서로 사랑하라(요 13:34).

그리고 우리에게도 자기 사람들을 "서로 사랑"하라고 말씀하셨습니다. 그런데 단순해 보이는 이 '서로 사랑'이 생각처럼 그렇게 쉽지 않습니다. 그 당시 유대인들이 가지고 있는 '자기 사람들'은 레위기 19장 18절처럼 '네 이웃을 네 자신과 같이 사랑'하는 것입니다.

그런데 그들이 생각하는 이웃은 이방인이나 죄인들은 포함되어 있지 않았습니다. 그래서 선한 사마리아인의 비유에서 보여 주는 것처럼 자신을 부정하게 만드는 강도 만난 사람 즉 피를 흘리고 죽어 가는 자는 그들의 이웃이 될 수가 없었던 것입니다.

그러나 주님이 "서로 사랑하라"고 말씀하시는 '서로'란 관계를 이루는 대상을 의미하는데 그 관계를 이루는 대상이 만약 내 눈앞에 있는 강도 만난 자라면 그들이 바로 사랑해야 할 대상이 되는 것입니다. 만약 관계를 이루어야 할 대상이 '이방인과 죄인들'이라면 그들도 마찬가지로 사랑해야 할 대상이 되는 것입니다.

'자기 사람들-나처럼'

그리고 주님은 "내가 너희를 사랑한 것 같이" 너희도 그렇게 사랑하라고 말씀하십니다. 주님은 제자들의 발을 씻어 주시면서 우리가 어떻게 사랑해야 하는 지를 몸소 보여 주셨습니다.

> 내가 주와 또는 선생이 되어 너희 발을 씻었으니 너희도 서로 발을 씻어 주는 것이 옳으니라 (요 13:14).

여기서 말하는 '발'이란 냄새나고 더러운 신체의 부위를 의미합니다. 그래서 제자가 스승에게, 그리고 하인이 주인에게 하는 행동입니다. 그런데 주님은 주가 되시고 스승이 되심에도 스스로, 그리고 먼저 제자들의 발을 씻기심으로 자기 사람들을 어떻게 사랑해야 하는지 보여 주셨습니다. 그리고 '내가 보여 준 것처럼 너희도 서로 발을 씻김으로 서로 사랑하라'고 말씀하셨습니다.

비록 상대방의 냄새나는 발 앞에서도, 그리고 비록 상대방이 내가 사랑할만한 조건과 자격을 갖추지 못했더라도 먼저 사랑하라는 것입니다. 사랑받을만한 자를 사랑하는 것은 누구나 할 수 있는 일입니다. 그러나 주님이 자기 사람들 즉 비록 냄새나고 사랑할만한 자격이 없는 자들까지도 끝까지 사랑하셨습니다. 이것이 시한부 인생을 살아가는 우리에게 보여 주신 주님의 사랑입니다.

'자기 사람들-끝까지'

유월절 전에 예수께서 자기가 세상을 떠나 아버지께로 돌아가실 때가 이른 줄 아시고 세상에 있는 자기 사람들을 사랑하시되 끝까지 사랑하시니라 (요 13:1).

주님은 자기 사람들을 '끝까지' 사랑하시는 모범을 보여 주셨습니다. 여기서 말하는 '끝까지 사랑'이란 다음과 같은 의미입니다.

첫째, 마지막 순간까지 변함없이 지속하는 완전하고 영원한 사랑을 의미합니다.
둘째, '끝까지'라는 단어는 시간의 끝이란 의미보다 주님이 보여 주신 사랑의 정도로 이해할 수 있는데 주님이 보여 주신 사랑에는 한계가 없다는 것을 의미합니다.
셋째, 그래서 자신의 감정에 따라 변하지 않고 또한 상대가 보여 주는 사랑의 크기나 깊이에 상관없이 지속하는 사랑을 의미합니다.

NIV 영어성경은 이 '끝까지'라는 단어를 '충분한 크기'(Full Extent)로 번역을 했는데 주님의 사랑은 자기 사람들을 품기에 충분한 크기의 사랑이었다는 것을 보여줍니다. 물론 주님이 사랑하시는 사람 중에는 주님을 버리고 도망친 자들도 있고, 또 어떤 이는 주님을 부인한 자도 있었고, 또 어떤 이는 주님을 팔아 버린 자도 있었지만, 주님의 사랑은 상대방이 보여 주는 행동과 말에 좌우되지 않고 계속해서 충분하고 넉넉한 사랑을 보여 주신 것입니다. 이것이 주님이 자기 사람들을 사랑하신 방법입니다.

사랑받는 삶과 사랑하는 삶

헤르만 헤세의 『환상동화집』에 나오는 이야기입니다. 엘리자베스라는 젊은 부인에게 유복자 아이가 태어났습니다. 아이의 이름은 아우구스투스였습니다. 그런데 이 부인의 이웃에 사는 빈스방거라는 노인이 와서 이런 이야기를 합니다.

"오늘 밤 우리 집에서 음악 소리가 들려올 때 아이를 위해 한 가지 소원을 빌어주세요. 그러면 이루어질 겁니다."

그런데 정말 노인이 약속한 대로 음악 소리가 들려왔고 그 부인은 아이를 위해 빌어주고 싶은 소원이 너무나 많아 우왕좌왕하기 시작했습니다. 그런데 음악 소리가 끝나 가게 되자 급하게 소원 하나를 빌었습니다.

"그것은 모든 사람이 이 아이를 사랑하게 해달라는 것이었습니다."

소원은 이루어졌고 아이를 보는 사람마다 아우구스투스를 좋아하고 사랑하게 되었습니다. 아이가 버릇없고 고약한 행동을 해도 사람들은 그를 좋아하기만 했습니다.

청년이 되면서부터는 여성들의 사랑을 받게 되었습니다. 눈물로 사랑을 고백하는 처녀들이 사방에 생겨났습니다. 그러나 아우구스투스는 사랑을 받기만 하고 돌려주지는 않았습니다. 그는 항상 차갑고 냉정했습니다. 모든 여자가 자기를 좋아한다는 사실에 도취 되었습니다. 이런 가운데 어떤 후견인이 그를 도시로 데려가 공부를 시켜 줬습니다.

그는 거기서도 방탕한 삶을 살았습니다. 여성들을 농락했고, 유부녀들과 불륜을 저질렀습니다. 돈 많은 부인이 그를 사랑했고 돈을 대어 주었습니다. 그는 그 돈으로 마음껏 방탕하게 살았습니다. 그런데도 사람들은 그를 좋아했습니다. 처녀들, 유부녀들, 심지어 바람난 부인의 남편들까지도 그를 좋아했습니다. 그러나 아우구스투스는 그 누구도 사랑하지 않았습니다. 모든 사람을 무시하고, 멸시할 뿐이었습니다.

그런데 정말 불행한 것은 아우구스투스 자신이었습니다. 세상의 향락과 배부름, 온갖 쾌락을 누렸지만, 절대 행복하지 않았고, 기쁘지도 않았습니다. 왜냐하면, 사랑할 줄을 몰랐기 때문입니다. 마침내 그는 그런 삶에 환멸을 느끼게 되었고, 삶의 모든 의욕을 잃어버리고 말았습니다. 결국, 독주를 마시고 죽기로 합니다. 그런데 그가 독주를 마시려는 순간 문이 열리면서 빈스방거 노인이 다시 나타났습니다. 노인은 아우구스투스가 마시려던 잔을 빼앗아 마셔버렸습니다. 그리고 이렇게 말합니다.

내가 들어주었던 소원이 너에게 저주가 되어 너의 인생을 망쳐버린 것 같아 가슴 아프구나. 아우구스투스, 이제 다시 내가 너의 소원을 들어주겠다. 다른 사람의 소원이 아닌 너의 소원을 말해보렴. 망쳐버린 네 인생을 다시 아름답게 만들고 또한 기쁘게 만들 수 있는 것을 소원으로 빌어보렴!

아우구스투스는 깊은 고민에 빠졌습니다. 그리고 한 가지 소원을 말했습니다.

"제가 사람들을 사랑할 수 있게 해 주세요."

노인은 떠나갔고 그는 깊은 잠에 빠졌습니다.

그리고 잠에서 깨었을 때 사람들이 몰려오기 시작했습니다. 자신에게 돈을 빌려준 사람, 농락당한 여자들, 불륜을 저지른 여성들의 남편들, 그리고 자신에 의해 해고된 하인들 모두가 달려들었습니다. 그는 두들겨 맞고 침 뱉음을 당하고, 오물을 뒤집어썼습니다. 마침내는 결박당하고 끌려가 재판까지 받았습니다. 그 후 오랜 세월 그는 감옥 생활을 하게 되었습니다. 그리고 감옥에서 나왔을 때 그는 노인이 되었고 아무도 그를 알아보지 못했습니다.

또한, 아무도 거들떠보지도 않았고, 좋아하지도 않았습니다. 그렇지만 그는 모든 사람을 사랑했습니다. 심지어는 거리의 부랑자나 창녀, 자신을 미워하고 적개심을 가진 사람들까지 그는 사랑했습니다. 할 수 있는 한 모든 사람에게 친절을 베풀려고 애를 썼습니다. 그러한 그의 행동이 때로는 오해를 사고 욕을 먹기도 했습니다.

그러나 그는 사람들을 진정으로 사랑했습니다. 그리고 이전에 자신이 사랑을 받을 때 느끼지 못했던 진정한 행복을 그제야 느끼며 그는 빈스방거 노인의 품에서 평안히 삶을 마감하게 됩니다.

누군가를 사랑하며 살아간다는 것은 결코 쉬운 일이 아닙니다. 그러나 사랑하며 살아갈 수 있을 때 우리는 진정한 행복을 느낄 수 있게 될 것입니다. 우리는 모두 시한부 인생을 살아가고 있습니다. 하나님이 내게 주신 삶을 사랑하는 아모르 파티를 시작해야 합니다.

내게 주신 세상을 사랑해야 내게 주신 사명을 볼 수 있습니다.

또한, 내가 정의한 내 이웃만 사랑하지 말고 하나님이 내게 주신 '자기 사람들'을 사랑해야 합니다. 지금만 사랑하지 말고 끝까지 사랑해야 합니다. 주님이 먼저 발을 씻기신 것처럼 우리도 냄새나는 사람들의 발을 씻기 위해 무릎을 꿇고 엎드려야 합니다.

아모르 파티, 내게 주신 삶을 사랑하십시오. 그래서 무엇을 하며 누구를 사랑하며 살아가야 하는가를 깊이 있게 생각하고 주신 삶의 시간 동안 최선을 다해 사랑하며 살아가는 삶이 되십시오.

| 말씀 | Activity | 마지막 인사 나누기 |

많은 사람이 죽음을 앞두고 후회하는 것 가운데 하나는 마지막 인사를 나누어야 할 사람들과 작별의 인사를 하지 못했다는 것입니다. 죽음 앞에서 우리가 해야 할 인사는 세 가지가 있습니다. 하나는 사랑의 인사이고 두 번째는 용서의 인사이며 마지막으로 감사의 인사입니다.

사랑의 인사는 주변에 있는 가족이나 가까운 지인들에게 전해야 할 인사입니다. 마지막에 남기는 사랑의 인사는 남은 자들의 마음에 긴 여운이 되고 또 곱씹으면서 간직하게 될 메시지가 됩니다. 그래서 꼭 빠뜨리지 않고 사랑의 인사를 나누어야 할 사람들의 리스트를 작성하고 한 명씩 한 명씩 연락하거나 편지를 작성하여 사랑의 인사를 나누는 것이 좋습니다.

용서의 인사는 두 가지로 구분될 수 있습니다. 내가 용서를 구해야 할 사람들과 또한 내가 용서해야 할 사람들입니다. 아마도 용서의 관계가 되지 못했다면 오랜 시간 동안 담을 쌓고 불편한 관계를 맺고 살아가고 있거나 아니면 서먹한 관계를 유지하고 있을 수 있습니다.

그런데 용서하지 못하고 용서받지 못한 관계 아래에서는 마음에 무거운 돌을 하나 올려놓은 것처럼 불편하고 힘든 시간을 보낼 수밖에 없습니다. 또한, 남겨진 사람도 마찬가지로 불편할 수밖에 없습니다. 그래서 잘잘못을 따지기 전에 먼저 사과하고 용서를 구하고 용서를 베풀어 주는 것이 필요합니다.

마지막으로 감사의 인사는 가장 소홀히 되는 인사 가운데 하나입니다. 그러나 죽기 전에 미리 감사의 인사를 전해야 할 사람들의 리스트를 작성하고 한 사람 한 사람씩 감사의 메시지나 감사의 연락을 할 필요가 있습니다.

그러나 조심해야 하는 것은 구체적이고 분명한 이유가 없는 감사의 인사는 상투적이고 습관적인 인사로 이해될 수 있으므로 반드시 감사의 인사를 전할 때는 어떤 이유로 감사했는지 분명히 기록하는 것이 좋습니다.

마지막 인사 나누기

1. 사랑의 인사

1) 사랑했다고 인사해야 하는 사람들 List

2) 사랑의 인사를 적어 보세요.

2. 용서의 인사

1) 용서해야 할 혹은 용서받아야 할 사람들 List

2) 용서의(용서를 구하는) 인사를 적어 보세요.

3. 감사의 인사

1) 감사했다고 인사해야 하는 사람들 List

2) 감사의 인사를 적어 보세요.

제3장

영적 버킷 리스트
(Bucket list)

    2006년 10월에 개봉된 영화 가운데 <나 없는 내 인생>(My Life Without Me)이라는 영화가 있습니다. 제목에서 보이는 것처럼 자신이 사라져 버린 이후의 자신의 삶을 준비하는 한 여인의 삶을 보여 주는 영화입니다. 영화의 주인공은 23살의 나이에 일 년 이상 실직 상태인 남편과 4살, 6살 된 두 딸과 함께 조금 힘들지만, 행복하게 살아가는 여성 앤의 이야기입니다.

    앤은 대학 야간 청소부로 일을 하며 트레일러에서 살아가고 있었습니다. 그런데 설거지를 하던 어느 날 복통으로 쓰러져 병원으로 옮기게 됩니다. 앤은 셋째 아이를 기대했지만, 의사에게서 그녀에게 주어진 것은 자궁암 말기로 2개월밖에 남지 않았다는 '사형 선고'였습니다.

    병원 치료를 하며 눈물로 죽음을 기다리기보다 앤은 사랑하는 사람들에게 자기 죽음을 비밀로 하고 혼자서 죽음을 준비하기 시작합니다. 하고 싶었지만 하지 못했던 것들, 또 반드시 해야 하는 일들을 차근차근 목록에 적어가며 죽기 전에 꼭 해야 할 열 가지 일을 정리합니다. 그 일 중에는 자기 자신을 위한 일도 있고 또한 가족들과 함께하고 싶은 일들도 있고 자신이 떠난 이후 가족들을 위한 일도 포함되어 있습니다. 예를 들어 남편에게 새 아내를 구해 준다거나 아이들이 18살 될 때까지 들려줄 생일 축하 메시지를 미리 녹음하는 것과 같은 것들이었습니다.

버킷 리스트

우리가 흔히 사용하는 단어 가운데 '버킷 리스트'라는 단어가 있습니다. 버킷 리스트는 '죽기 전에 꼭 해보고 싶은 일과 보고 싶은 것들을 적은 목록'을 가리킵니다. 버킷(Bucket)은 양동이를 가리키는 말인데 굳이 죽기 전에 해보고 싶은 일을 '버킷 리스트'라고 부르는 이유는 중세 시대에는 교수형을 집행하거나 자살을 할 때 올가미를 목에 두른 뒤 양동이(Bucket) 위에 올라간 다음 양동이를 걷어참으로써 죽음을 맞이했는데 이것에서 버킷 리스트가 유래한 것입니다.

즉, 양동이를 걷어차고 나면 더 이상 기회가 주어지지 않기 때문에 버킷을 걷어차기 전에 해보고 싶은 것을 찾아보고 리스트로 작성해 보자는 의미입니다.

실제로 미국 코넬대학교에서 철학과 학생 30명의 버킷 리스트를 기록하게 하고 15년이 지나 다시 그 버킷 리스트를 성실히 적은 학생과 그렇지 않은 학생들의 현재를 추적해 보았더니 성실히 적은 학생들이 그렇지 않은 학생들보다 사회적 지위가 높았고, 재산은 2.8배가 더 많았다는 연구 결과가 나왔습니다.

자신이 하고 싶은 것을 단순히 머리에 기억만 하는 것보다 노트에 기록하고 매일매일 들여다보며 꿈을 꾸고 살아가는 것이 우리의 삶에 유익을 준다는 것을 보여 주는 결과입니다.

여러분들은 죽기 전에 꼭 해 보고 싶은 버킷 리스트가 있으십니까? 아직 우리에게 시간이 남아있을 때 그리고 몸을 자유롭게 움직일 수 있을 때 하나씩 하나씩 실행하며 살아가는 것도 삶을 의미 있게 살아가는 방법이 될 것 같습니다.

잠언 30장은 아굴의 잠언으로 알려진 말씀입니다.

> 내가 두 가지 일을 주께 구하였사오니 내가 죽기 전에 내게 거절하지 마시옵소서 (잠 30:7).

그가 하나님께 구하는 간구의 내용을 보면 그의 간구의 기본 전제가 '내가 죽기 전에'라는 것을 보게 됩니다. 그가 왜 죽음이라는 단어를 언급하며 자신의 간구를 이야기하는지는 알려지지 않았지만, 그가 죽기 전에 자신이 하고 싶은 일을 담았다는 점에서 이것은 '버킷 리스트'라고 말할 수 있습니다. 그러나 아굴이 말하는 버킷 리스트는 세상 사람들이 말하는 버킷 리스트와 다르기에 '영적 버킷 리스트'라고 불러야 합니다. 영적 버킷 리스트는 죽기 전에 자신이 하고 싶은 일을 담은 '소원 리스트'라는 점에서는 일반적인 버킷 리스트와 크게 차이가 나지 않습니다.

그러나 일반적인 버킷 리스트는 자신이 계획을 세우고 자기 뜻대로 그 일을 시행하지만, 영적 버킷 리스트는 자신이 하고 싶은 일에 대해 자신이 계획을 세우지만 '하나님께 동의를 구하고 하나님의 도움을 구하는 것'입니다. 야굴은 자신이 죽기 전에 두 가지 일을 생각하고 그 일을 위해 하나님께 간구하고 있습니다.

'죽기 전에'의 정의

이는 '죽기 전에'라는 단어에 대한 이해의 차이 때문입니다. 세상의 버킷 리스트를 가진 사람들에게 죽음은 '시간의 단절이자 삶의 끝'입니다. 그래서 '죽기 전에'라는 단어는 '삶이 끝나기 전에'라는 의미입니다. 그래서 한 번밖에 없는 삶에서 아쉬워하거나 후회하지 않기 위해 자신이 못했던 것, 하고 싶었던 것을 하는 것을 찾아서 하는 것이 버킷 리스트입니다. 목적은 자신의 만족과 기쁨을 위한 것입니다. 그래서 죽음이 인생의 끝이라고 믿는 자들이 죽음이 오기 전에 후회하지 않는 삶을 살기 위한 갈망이 버킷 리스트 안에 담기게 되는 것입니다.

그러나 영적 버킷 리스트에서 '죽기 전에'라는 말은 '하나님 앞에 서기 전에'라는 말로 바꾸어 사용할 수 있습니다.

우리의 죽음이 하나님 앞에 서는 것이라면 지금 우리가 해야 할 가장 긴급하고 중요한 질문은 바로 이것입니다.

'하나님 앞에 설 준비가 되어 있는가?'

그래서 하나님 앞에 서기 위해 무엇을 준비하며 어떻게 살아야 하는가가 영적 버킷 리스트에서 가장 중요한 요소가 됩니다. 사소해 보이지만 '죽기 전에'라는 단어에 대한 이해에 따라 우리는 무엇을 하며 어떻게 살아야 하는지 결정되는 것입니다. 자기만족과 후회하지 않는 삶을 위해 세상의 버킷 리스트도 필요하지만, 하나님 앞에 부끄럽지 않게 서기 위해 지금 우리에게는 영적 버킷 리스트가 더 절실하게 필요합니다.

그래서 우리도 아굴처럼 하나님 앞에 서기 전에 우리가 준비해야 할 영적 버킷 리스트를 하나님께 간구하며 준비해야 합니다.

내가 만든 신(우상)을 제거하라!

> 곧 헛된 것과 거짓말을 내게서 멀리 하옵시며 나를 가난하게도 마옵시고 부하게도 마옵시고 오직 필요한 양식으로 나를 먹이시옵소서 (잠 30:8).

아굴은 자신이 죽기 전에 먼저 하나님께 '헛된 것과 거짓말'을 자신에게서 멀리하옵시기를 구하고 있습니다. '헛된 것'이란 '공허하다', '허무하다'라는 기본적인 의미를 품고 있는 단어입니다. '무가치하고 결과가 없는 공허한 것'을 의미합니다. 그리고 거짓말이라는 단어는 '사실이 아닌 것을 사실인 것처럼 꾸며대는 말'을 의미하는데 여기에는 남을 속이려는 의도가 포함되어 있습니다.

> 너는 그의 말씀에 더하지 말라 그가 너를 책망하시겠고 너는 거짓말하는 자가 될까 두려우니라 (잠 30:6).

어떤 학자들은 하나님의 말씀에 '어떤 것을 더하는 행동'을 거짓말이라고 생각하기도 했고 또 어떤 이는 하나님의 말씀을 '전적으로 의지하지 않는 삶의 태도'를 하나님 앞에 거짓말하며 사는 삶이라고 이해하기도 했습니다.

중요한 것은 아굴이 하나님 앞에 서기 전에 이러한 헛된 것과 거짓말을 자신에게서 멀리 하게 해달라고 간구하고 있다는 것입니다. 여기서 '멀리하다'는 말은 '제거하다 옮기다'라는 의미입니다. 아마도 하나님의 책망과 하나님 앞에 섰을 때의 두려움 때문이라는 것을 예상할 수 있습니다. 죽기 전에 즉, 하나님 앞에 서기 전에 헛된 것을 추구하고 거짓말하는 삶을 살아가는 것은 하나님께 책망받을 일이며 또한 하나님 앞에 서는 것을 두렵게 만드는 행동입니다.

결국, 이 행동은 하나님 앞에 서는 일에 걸림이 됩니다. 그래서 아굴은 이것들을 자신에게서 멀리해 주시기를 즉 제거해 달라고 간구하고 있는 것입니다. 특별히 '헛된 것과 거짓말'은 요나서 2장 8절 요나의 기도에서 나오는 것처럼 "거짓되고 헛된 것을 숭상하는 것"과 연결됩니다.

> 거짓되고 헛된 것을 숭상하는 모든 자는 자기에게 베푸신 은혜를 버렸사오나(욘 2:8).

거짓되고 헛된 것을 숭상한다는 표현은 결국 성경에서 말하는 거짓되고 헛된 우상을 품고 살아가는 인생을 의미합니다. 그래서 어떤 학자들은 아굴이 말하는 헛된 것과 거짓말을 멀리해달라는 말은 내

속에 있는 '헛된 우상'을 제거해 달라는 의미로 이해하기도 합니다.

우상을 만드는 공장

팀 켈러 목사의 책 중에 『내가 만든 신』이라는 책이 있습니다. 우리는 자주 우상을 혐오스럽고 나쁜 것으로 생각하지만 실제로 우리가 우상으로 섬기는 것들은 본래부터 나쁜 것이 아닙니다. 실제로 우상처럼 보이는 것일수록 그것이 우리의 가장 깊은 욕구와 희망을 채워줄 것이라고 우리는 기대합니다.

팀 켈러 목사는 바로 거기에서 우상이 만들어진다고 말합니다.

"저것만 있으면 내 삶은 좋아질 거야, 혹은 그것만 있으면 이제 의미 있는 삶을 살 거야, 그것만 얻으면 내 인생이 진정한 가치를 얻을 거야, 그것만 채우면 내 삶이 중요해지고 삶에 안정감이 주어질 거야."

어떻게 보면 우리가 그렇게 간구하고 소원하는 바로 그것이 우리의 숭배의 대상이고 결국 그것이 우리의 우상이 된다는 말입니다. 우상은 다른 누구도 아닌 내가 우상을 만들고 있는 것입니다. 그래서 성경은 우리의 마음이 '우상을 만드는 공장'이라고 말합니다. 그래서 우리는 거짓되고 헛된 것들, 무가치하고 공허한 것을 붙들고 살아가면서 그러한 우상들에 희망을 걸고 기대를 품으며 살아갑니다.

절대 반지의 매력

결국, 우리에게 우상이란 하나님보다 더 중요한 것, 하나님보다 더 많은 비중을 차지하고 있는 것을 의미하며, 하나님만이 줄 수 있는 것을 하나님이 아닌 다른 것을 통해 얻으려는 생각이 바로 우상숭배의 시작이 됩니다.

소설 『반지의 제왕』을 보면 모든 사람이 어둠의 군주 사우론의 절대 반지를 가지려 합니다. 이 반지는 세상의 모든 힘을 종속시킬 수 있는 유일무이한 반지입니다. 그런데 그 반지를 사용하려는 사람은 제아무리 선한 의도가 있을지라도 그 반지의 힘을 사용하는 순간 수단과 방법을 가리지 않고 어떤 일도 서슴없이 저지르게 됩니다.

그리고 점점 더 반지에 깊이 사로잡혀 집착하게 되고, 자신이 소중하게 생각했던 가치를 버리게 되고, 또한 사람들을 해치며 결국 타락의 길로 들어서게 됩니다. 그래서 어떤 학자는 이 반지를 가리켜 사람들의 마음속에 숨어있는 가장 간절한 열망을 우상숭배로 끌어올리는 '심령의 증폭기'라고 표현합니다.

다시 말해, 우리가 자신의 모든 것을 드려 얻으려고 하는 것이 바로 절대 반지 즉 우리의 우상입니다. 그래서 아굴은 이것을 멀리하게 해달라고 간구하고 있는 것입니다. 그러므로 오늘 우리가 죽기 전에 우리가 해야 할 중요한 영적 버킷 리스트 가운데 하나는 '내가 만든 우상들을 제거하는 것'입니다. 무가치하고 공허함만을 가져다주는 것을 붙들고 그것을 위해 거짓되고 헛된 것을 추구하며 살지 않기 위해 우리는 하나님의 도움을 구해야 합니다.

믿음의 가정이라고 예외가 아닙니다. 야곱은 벧엘로 올라가기 전에 가족들에게 "너희 중에 있는 이방 신상들을 버리라"고 했을 때 믿음의 가정이었던 그의 가족들과 집안 식구들이 가지고 있었던 우상들을 가지고 와서 야곱에게 내어놓았다는 것을 창세기 35장은 증언하고 있습니다.

그러므로 죽기 전에 다시 말해, 하나님 앞에 서기 전에 내가 만든 신과 우상들을 그리고 우리 가정에서 만든 신들을 먼저 제거해 주시기를 간구해야 합니다. 그래야 우리는 하나님 앞에 설수 있습니다. 우리의 더럽고 추한 모습 그대로 하나님 앞에 서지 않도록 영적 버킷 리스트를 준비해야 합니다.

하나님과 아름다운 관계를 만들어라!

> 곧 헛된 것과 거짓말을 내게서 멀리하옵시며 나를 가난하게도 마옵시고 부하게도 마옵시고 오직 필요한 양식으로 나를 먹이시옵소서 혹 내가 배불러서 하나님을 모른다 여호와가 누구냐 할까 하오며 혹 내가 가난하여 도둑질하고 내 하나님의 이름을 욕되게 할까 두려워함이니이다 (잠 30:8-9).

궁극적인 가치로서의 '돈'

아굴은 다시 또 하나의 영적 버킷 리스트를 고백합니다. 그것은 자신을 가난하게도 말고 부하게도 말고 오직 필요한 양식으로 먹여달라는 것이었습니다. 왜냐하면, 배부르면 하나님을 모른다 혹은 하나님이 누구냐 할까 염려되고 또한 가난하게 되면 도둑질하여 하나님의 이름을 욕되게 할까 두렵기 때문입니다. 아굴의 간구 가운데 특이한 것은 '부하게도 마옵소서'라는 부분입니다.

"가난하게도 마옵시고"는 누구나 동의할 부분이지만 굳이 부하게도 하지 말아 달라고 간구할 이유가 있을까 하는 생각이 듭니다. 그러나 지혜자인 아굴은 부(富)가 사람들에게 진정한 행복을 가져다줄 수 있다고 믿지 않았습니다. 왜냐하면, 부유함이 가져다주는 기쁨이 '불완전하다'는 것을 알았기 때문입니다. 부유함이 기쁨을 주는 것은 분명합니다.

그러나 부유함이 주는 기쁨은 불완전하고 궁극적인 기쁨을 가져다줄 수 없습니다. 그런데 부유함의 문제 가운데 하나는 그것이 사라질 때 우리의 마음속에 슬픔을 만들어내고 더 문제는 그것이 우리의 삶에 '궁극적인 가치'로 자리 잡게 된다는 것입니다. 그러다 보니 처음에는 부유함이 사라질 때 슬픔이 찾아오지만, 나중에는 절망이 찾아오게 됩니다. 왜냐하면, 부유함이 그리고 돈이 우리의 인생에 궁극적인 가치로 자리 잡아버렸기 때문입니다.

그래서 사람들은 '궁극적인 가치'가 무너졌을 때 상실을 넘어 절망하는 것입니다. 아굴은 그 위험을 경고하며 부하게도 말고 가난하게도 말라고 고백합니다. 왜냐하면, 돈이 자신의 인생의 '궁극적인 가치'가 되지 않게 하기 위해서입니다.

연약한 인생

또한, 가난하게도 마옵시고 부하게도 하지 말라는 고백은 아굴 자신이 '연약한 존재'라는 것을 말하는 고백이기도 합니다. 자신이 부하게 되었을 때 자기 모습이 헛된 것을 추구하는 인생'이 되어 하나님을 모른다고 하고 '하나님이 누구냐'라고 말할 수 있는 연약한 존재라는 것을 알았습니다. 또한, 자신이 가난하게 되었을 때 남의 것을 도둑질하며 하나님의 이름을 욕되게 하는 '거짓된 자기 모습'이 드러날 수 있는 연약한 존재라는 것도 알고 있었습니다.

다시 말해, 아굴은 자기 자신이 환경과 여건에 따라 흔들리고 우쭐댈 수 있는 연약한 인생임을 알았고 그래서 차라리 가난하게도 그리고 부하게도 말아 달라고 고백하고 있는 것입니다.

아굴은 하나님께 돈이 자신의 궁극적인 가치가 되지 않고 연약한 자신이 유혹에 흔들리지 않기 위해 하나님께 '오직 필요한 양식'으로 자신을 먹여 달라고 간구합니다.

하나님이 내게 주신 '최선'

첫째, 여기서 말하는 '오직 필요한 양식'이란 '하나님이 자신에게 정하신 몫'을 의미합니다.

하나님이 정하신 몫이란 '하나님의 주권과 은혜'를 의미하며 자신은 그것에 순종하겠다고 고백하고 있습니다. 물론 내가 정한 몫이 아니기 때문에 때로는 조금 부족할 수도 있을 것입니다. 그리고 때로는 내 생각보다 더 넉넉하게 부어지기도 할 것입니다.

그러나 아굴의 삶의 자세는 하나님이 내게 정하여 주신 몫이 오직 하나님의 주권적인 은혜라는 것을 받아들이고 또한 그렇게 살아가겠다는 고백입니다. 하나님의 뜻에 대한 절대적인 순종의 삶을 살겠다는 결단입니다.

둘째, 또한 오직 필요한 양식은 날마다의 빵 즉 일용한 양식을 의미하는데 하나님이 주시는 일용할 양식으로 살겠다는 것입니다.

이 말은 하나님에 대한 신뢰를 의미하는 말입니다. 지금 하나님이 내게 주신 일용할 양식은 하나님이 내게 주신 '최선'이라는 것을 받아들이겠다는 말입니다. 그래서 하나님에 대한 신뢰를 무너뜨리지 않으며 살아가겠다는 고백입니다. 눈에 보이는 육체적이고 세상적인 것에 흔들리지 않고 삶의 중심이 '하나님'이 되는 삶, 그리고 하나님의 은혜에 만족하며 하나님의 주권을 신뢰하며 살아가는 삶을 고백하고 있는 것입니다. 왜냐하면, 아굴은 이제 곧 하나님을 만나야 하기 때문입니다. 이것이 죽음을 준비하며 하나님 앞에 서는 자들의 삶이 되어야 합니다.

추억 만들기 Vs 관계 세우기

아굴은 자신이 죽기 전에 영적 버킷 리스트를 통해 하나님과 바른 관계를 만들어려고 합니다. 세상 사람들도 죽기 전에 자신의 버킷 리스트를 통해 주변 사람들과의 추억을 만들어려고 합니다. 왜냐하면, 좋은 기억으로 사람들에게서 떠나가기 위함입니다. 그리고 남은 사람들에게 좋은 기억을 남겨주기 위해서입니다. 세상의 버킷 리스트는 '떠남'에 중점을 두었기에 좋은 추억을 만드는 것이 목적이지만 믿는 우리에게 영적 버킷 리스트는 떠남이 아닌 '만남'을 전제로 합니다.

그래서 하나님을 만나기 전에 우리는 하나님과 아름다운 관계를 준비해야 합니다. 이것이 우리가 영적 버킷 리스트를 실행하는 이유입니다. 이유는 한가지입니다. 하나님과 바른 관계를 통해 하나님 앞에 서기 위함입니다. 그래야 죽음을 두려워하지 않고 죽음 이후에 만날 하나님을 기다리며 갈망할 수 있는 것입니다.

그러나 만약 하나님과의 관계가 깨어지고 또한 관계에 문제가 생긴다면 우리는 세상 사람들처럼 죽음에 대한 두려움과 공포를 느끼게 되고 또한 죽음에 대한 반발감을 가지게 될 것입니다. 그러므로 영적 버킷 리스트를 만들어 가는 우리는 남은 사람들과 '추억 만들기'가 아닌 하나님과 '관계 세우기'를 해야 합니다. 이것이 하나님 앞에 서는 것을 준비하는 삶입니다.

우리는 모두 죽습니다. '죽기 전에'라는 단어에 대한 정의가 이제는 '세상을 떠나기 전에'가 아닌 '하나님 앞에 서기 전에'가 될 수 있기를 바랍니다. 하나님을 만나기 전에 우리가 무엇을 하며 어떤 모습으로 하나님 앞에 서야 하는 가를 찾는 것이 '영적 버킷 리스트'로 나타나야 합니다.

하나님 앞에 서기 전에 우리가 만든 우상들을 제거하고 하나님과 바른 관계를 세워 나가는 일에 집중합시다. 죽기 전에 내가 무엇을 하는 가를 보면 내가 세상을 떠날 준비를 하는지 아니면 하나님 앞에 설 준비를 하는가를 알 수 있습니다. '추억 만들기'가 아닌 '관계 세우기'에 집중하는 죽음을 준비하는 성도의 삶이 됩시다.

| 말씀 | Activity | 세상을 사랑하기 |

모든 사람에게는 하나님이 주신 세상이 있습니다. 여기에서 말하는 세상은 내가 살아가는 공간이나 소속된 공동체 그리고 삶에는 내게 주신 세상과 내게 주신 사명, 그리고 내게 주신 사람들이 포함됩니다.

1. 하나님이 내게 주신 세상을 정의해 보세요(예를 들어 가정, 직장, 교회, 공동체, 지역 등).

2. 하나님이 내게 주신 세상에서 내가 해야 할 사명(역할)을 찾아보세요(예를 들어 아름답게 해야 할 부분과 질서를 세워 나가야 할 부분 등).

3. 하나님이 내게 주신 사람들을 찾아보세요. 죽기 전에 내가 그들에게 해야 할 일 목록들을 작성해 보세요.

나의 버킷 리스트(Bucket List)

버킷 리스트란 죽기 전에 해보고 싶은 일을 적은 목록을 가리키는 말입니다.

	버킷 리스트	확인
1)	(영적)	
2)	(영적)	
3)		
4)		
5)		

• 나의 마지막 24시간

나에게 마지막 24시간이 남게 된다면 누구와 어디에서 무엇을 하며 시간을 보내고 싶습니까?

• **내가 생각하는 품위 있는 죽음**

내가 생각하는 품위 있는 죽음에 대해 적어 보고 그렇게 생각하는 이유도 적어 보세요.

제4장

웰다잉 신앙생활
(Well-Dying)

어떠한 죽음을 맞이할 것인가?

33세의 나이에 다이너마이트를 발명하여 엄청난 부를 축적했던 노벨은 어느 날 신문에 실린 자신의 부고 기사를 보고 충격을 받게 됩니다. 신문사는 노벨 형의 죽음을 노벨의 죽음으로 착각하여 '노벨, 사망하다'라는 제목으로 기사를 실었던 것입니다. 버젓이 살아 있는 사람을 죽었다고 한 것도 놀라운 일이지만 더 충격적인 사실은 자기 죽음에 붙여진 기사의 제목 때문이었습니다.

신문 기사의 제목이 '다이너마이트의 왕, 죽음의 사업가, 파괴의 발명가 죽다'라고 난 것입니다. 순간 노벨은 생각했습니다.

"자신이 정말 죽었다면 '죽음의 사업가', '파괴의 발명가'라는 이 기사가 정말 사실이 되지 않았을까?

만약 내가 오늘이라도 죽는다면 사람들은 나를 어떻게 평가할까?"

이를 생각하며 그는 그 일을 계기로 자기 죽음을 준비하기로 합니다. 그리고 그가 죽기 1년 전 노벨재단을 만들고 자신의 재산을 헌납한 후 5개 부문(문학, 화학, 물리학, 의학, 평화)에 걸쳐 전년도 인류에 가장 큰 공헌을 한 사람들에게 매년 상을 수여하라는 유언장을 남겼습니다. 그래서 오늘날 우리는 노벨을 '파괴의 발명가'가 아닌 인류 평화에 이바지한 사람으로 기억하게 되었습니다.

실제로 비슷한 주제를 다룬 영화 한 편이 2017년 상영되었는데 <내가 죽기 전에 가장 듣고 싶은 말>이라는 영화입니다. 은퇴한 광고 회사 대표였던 해리엇(Harriet)은 어느 날 신문에서 한 사람의 부고 기사를 보던 중 그 내용에 대해 아주 못마땅하다는 생각이 들었습니다. 그리고 순간 자신의 부고 기사가 어떻게 쓰일지 궁금해졌고, 완벽주의이고 까칠한 성격 그대로 사망 기사를 미리 확인하기 위해 부고 기사 전문기자인 앤(Anne)을 고용합니다.

그런데 앤이 작성한 부고를 보고 그는 큰 실망을 하게 됩니다. 왜냐하면, 자신에 대한 평가가 너무 평범하다는 생각이 들었고 자신의 기대에 미치지 못한다는 생각이 들었기 때문입니다. 그러나 앤이 해리엇의 주변 사람을 만나 부고 기사를 쓸 자료를 수집했을 때 그가 발견한 것은 해리엇에 대한 사람들의 평가가 좋지 않았다는 것입니다.

그래서 해리엇은 앤의 제안에 따라 '완벽한 사망 기사'를 만들기 위해 함께 준비하기로 합니다. 완벽한 사망 기사에 들어갈 필수 요소 네 가지는 이러했습니다.

첫째, 가족들의 사랑을 받아야 한다.
둘째, 친구와 동료들의 칭찬을 받아야 한다.
셋째, 누군가의 삶에 영향을 끼쳐야 한다.
넷째, 다른 사람들과 구분할 수 있는 나만의 와일드카드를 가져야 한다.

결국, 해리엇은 가족의 사랑을 받고 동료의 칭찬을 들으며 누군가의 삶에 영향을 끼치는 사람으로 거듭나게 되었다는 영화의 이야기입니다. 노벨의 이야기나 해리엇의 이야기는 우리가 어떠한 죽음을 맞이하게 될 것인지에 대한 고민 혹은 직면이 우리의 삶을 웰다잉(Well-Dying) 즉, 품위있고 존엄하게 생을 마감하는 것을 돕게 된다는 것을 알려줍니다. 그래서 오늘 우리는 내가 어떠한 죽음을 맞이하게 될지 고민해 보고 또한 그려 보아야 합니다.

하나님께 영광 돌리는 죽음

요한복음 21장은 믿는 자들이 '어떠한 죽음'을 맞이해야 하는지에 대한 새로운 시각을 소개합니다. 주님이 베드로에게 어떠한 죽음으로 죽는 것이 하나님께 영광을 돌리는 죽음인지를 말씀하십니다. 그렇다고 모든 사람이 베드로처럼 죽어야 한다는 것은 아닐 것입니다. 그러나 우리의 죽음을 통해서도 하나님께 영광을 돌릴 수 있어야 한다는 것입니다.

'어떠한 죽음으로 하나님께 영광 돌릴 것인가?'

이에 대한 질문에 대한 답을 찾아가는 과정이 결국 성경이 말하는 웰다잉(편안한 죽음) 신앙생활로 가는 방법이라는 것을 우리는 발견하게 됩니다.

주님도 자기 죽음으로 하나님께 영광 돌리기를 원하셨습니다. 그래서 죽기까지 자신에게 주신 일들을 감당하시면서 웰다잉의 삶을 사셨습니다(요 17:4). 사도 바울도 마찬가지입니다. 그도 자기 죽음으로 하나님께 영광 돌리기를 원했습니다. 비록 지금 자신이 가고 있는 예루살렘에는 결박과 환난이 기다리고 있었지만, 그는 하나님이 주신 사명을 감당하는 일을 통해 웰다잉을 준비했습니다. 그리고 주님은 베드로에게도 자기 죽음으로 하나님께 영광 돌리는 삶을 살기를 원하셨습니다.

웰 다잉(Well-Dying)

그리고 오늘 우리에게도 어떠한 죽음으로 하나님께 영광을 돌리기를 원하는가를 물으십니다.

당신은 어떠한 죽음으로 하나님께 영광 돌리기를 원하십니까?

'웰다잉 신앙생활'은 자기 죽음으로 하나님께 영광 돌리기 원하는 자들이 자기 죽음을 준비하며 살아가는 신앙적인 삶의 모습을 의미합니다. 그러나 세상에서 말하는 웰다잉 즉, 잘 죽는다는 것은 '나와 내 주변 사람들'이 웰다잉의 중요한 기준이 됩니다.

사람들이 생각하는 웰다잉에 대한 한 설문 조사(65세 이상 350명 인터뷰)에 따르면 다음과 같았습니다.

첫째, 주변 사람을 배려하는 죽음이어야 한다.
둘째, 천수를 누리는 죽음이어야 한다.
셋째, 집에서 맞이하는 죽음이어야 한다.
넷째, 편안한 모습으로 맞이하는 죽음이어야 한다.
다섯째, 준비된 죽음이어야 한다.
여섯째, 원하는 삶을 누리다가는 죽음이어야 한다.

다시 말해, 세상 사람들이 생각하는 잘 죽는다는 것은 품위 있고 존엄한 죽음이며 자기 자신과 주변 사람들과의 관계적인 측면이 강하게 드러납니다.

그래서 웰다잉은 '당하는 것이 아니라 맞이하는 것이어야 한다'라고 말합니다. 죽음학회나 죽음과 관련된 단체에서 최근에 가장 강하게 주장하고 있는 웰다잉은 '죽음은 당하는 것이 아니라 맞이해야 한다'라는 주장입니다. 아무런 준비 없이 갑자기 맞이하는 죽음을 거부하고 자신에게 다가올 죽음을 미리 준비하고 기다리고 맞이하자는 것이 세상에서 말하는 '웰다잉'입니다.

충분히 일리가 있고 일정 부분 동의가 됩니다.

그런데 왜 사람들이 죽임을 당하지 않고 맞이하려고 할까요?

여전히 죽음에 대한 공포와 두려움을 가지고 있기 때문입니다. 또한, 죽음이 인생의 '끝'이고 '떠남'이라는 전제를 하고 있기 때문입니다. 그래서 그들의 웰다잉의 기준은 곧 떠나야 하는 자기 자신을 위한 것이 되어야 하고 또한 떠나야 하는 자신이 주변 사람과의 좋은 관계를 기억하기 위해서 혹은 기억하게 해주려고 하는 것입니다.

성경이 말하는 웰다잉

그러나 성경에서 말하는 웰다잉은 근본적인 시작이 다릅니다. 성도에게 죽음이란 떠남이 아니라 하나님 앞에 서는 일이며 또한 하나님과 만남의 시작을 의미합니다. 그렇기에 이 땅에서의 존엄하고 품위 있는 죽음도 중요하지만 이제 곧 하나님 앞에 서야 하는 성도에게는 하나님께 영광 돌리는 죽음이 더 중요한 것입니다.

> 너희가 먹든지 마시든지 무엇을 하든지 다 하나님의 영광을 위하여 하라 (고전 10:31).

성경은 우리가 무엇을 하든지 하나님의 영광에 초점을 맞추라고 말합니다. 심지어 그것이 '나의 죽음'이라도 말입니다. 그래서 성도들은 하나님께 영광 돌리는 죽음을 준비하기 위해 먼저 어떠한 죽음을 맞이할 것인지에 대한 밑그림을 그리고 지금부터 잘 죽기 위한 웰다잉 신앙생활을 준비해야 합니다.

하나님의 때에 대한 순종

오늘 본문에서 주님은 베드로에게 '어떠한 죽음'을 맞이할 것인지를 알려 주십니다.

내가 진실로 진실로 네게 이르노니 네가 젊어서는 스스로 띠 띠고 원하는 곳
으로 다녔거니와 늙어서는 네 팔을 벌리리니 남이 네게 띠 띠우고 원하지 아
니하는 곳으로 데려가리라 (요 21:18).

우리가 먼저 살펴볼 부분은 '젊어서'와 '늙어서'의 구분입니다. '젊어서'는 스스로 띠를 띠고 스스로 원하는 곳으로 다닐 수 있는 은혜가 주어진 시간을 의미합니다. 그러나 '늙어서'는 스스로가 아닌 다른 사람의 손에 의해 팔을 벌리고, 다른 사람들의 손에 의해 띠를 띠우고, 다른 사람들이 원하는 곳으로 데려가는 시간을 의미합니다. 그런데 주님이 이 말씀을 하실 때의 베드로는 아마도 30대의 젊은 나이대를 살아가고 있었을 것입니다.

그렇기에 그 당시 베드로는 스스로 띠를 띠고 스스로 원하는 곳으로 다니는 은혜가 주어진 때를 살아가고 있었습니다. 그러나 자신이 주도하고 자신이 원하는 인생을 살아가는 때가 있다면 또 언젠가는 남이 나를 주도하고 다른 사람들의 손에 의해 붙잡히고 띠 띠우는 삶이 찾아오게 됩니다. 주님은 베드로에게 그것을 기억하라고 말씀하시는 것입니다.

그러나 세상의 많은 사람은 베드로에게 다가오게 되는 '늙을 때의 삶'을 받아들이려고 하지 않습니다. 왜냐하면, 그들의 기준에서는 웰다잉이 아니기 때문입니다. 그들의 입장에서는 죽음은 '당하는 것'이 아니라 '맞이해야 하는 것'인데 남이 자신의 팔을 벌리고 또한 남이 자신에게 띠를 띠우는 삶은 맞이하는 것이 아니라 '당하는 것'이기에 용납할 수 없는 것입니다.

그러나 우리에게 죽음은 하나님의 주권적인 은혜로 다가오는 것입니다. 그렇기에 아무리 내가 맞이하려고 해도 갑자기 찾아오는 것이 죽음입니다.

또한, 젊을 때와 늙을 때의 구분이 모호하기 때문에 남이 팔을 벌리고, 띠 띄우고 원하지 않는 곳으로 데려가는 삶도 내가 평안하게 맞이할 수 있는 것이 아니라 갑작스럽게 당하는 부분입니다. 그래서 우리에게 필요한 것은 하나님의 때에 대한 '순종의 훈련'입니다. 그 순종의 훈련이 결국 우리에게 주시는 죽음에 대한 순종으로까지 나갈 수 있게 만듭니다.

때에 대한 분별력

헨리 나우웬은 『분별력』이라는 책에서 하나님이 지금 우리를 어떤 곳으로 인도하시는 시기인지를 분별해야 한다고 강조합니다. 우리의 일상에는 다음의 세 가지의 시기가 있습니다.

첫째, 무엇인가를 위해 행동할 때가 있습니다.
둘째, 또한 무엇인가를 기다릴 때가 있습니다.
셋째, 무엇인가에 끌려갈 때가 있습니다.

'무엇인가를 위해 행동할 때'는 내가 주도하여 내가 원하는 것을 하는 것처럼 보이지만 이때 주의해야 할 것은 언제나 회개와 감사에 기반을 두고 행동해야 합니다. 회개는 하나님의 방향을 의식하며 돌이키는 삶을 사는 것을 의미하고, 감사는 하나님이 베푸신 은혜를 돌아보며 행동하는 것을 의미합니다.

또한, '무엇인가를 기다릴 때'가 있습니다. 아직 하나님의 약속이 이루어지지 않았습니다. 그래서 조급하기도 하고 두렵기도 합니다. 그러나 두리번거리지 않고 오직 주의 약속만 믿고 적극적으로 기다려야 합니다. 기다림은 믿음에 근거하고 소망을 가져야만 가능하기 때문입니다.

그리고 '무엇인가에 끌려갈 때'가 있는데 우리의 삶에서 가장 이해하기 어려울 때를 의미합니다. 내가 원하지 않는 곳으로, 그리고 내가 하고 싶지 않은 일로 우리의 삶이 끌려갈 때가 있습니다. 무엇인가를 주도할 수도 없습니다. 철저하게 나의 모든 것이 배제되고 내가 원하는 것이 다 거절되는 때가 찾아옵니다.

주님은 베드로에게 바로 이렇게 자신이 원하지 않는 곳으로 그리고 자신이 원하지 않는 때 누군가에 의해 끌려갈 때가 있다고 말씀하십니다. 비록 그가 아직 젊을지라도 지금부터 때를 준비하며 살아가야 한다는 것입니다.

다시 말해, 하나님의 때에 대해 지금부터 순종하는 훈련을 하지 않으면 다른 사람이 네게 팔을 벌리고 띠 띠우는 때가 올 때 받아들이지 못하게 되고 나아가 하나님이 내게 주신 죽음의 때도 순종할 수 없게 되는 것입니다.

순종의 훈련

그러므로 우리는 하나님께 영광 돌리는 죽음을 위한 웰다잉 신앙생활을 시작해야 합니다. 그것은 '순종'에서 시작됩니다.

내가 원하지 않는 삶이 주어질지라도, 다른 사람의 손에 내 인생이 좌우되고, 생각지 못한 고난과 어려움의 시간이 찾아올 때라도 '왜 하필 나에게만 이런 일이 찾아오는 건가?'

이렇게 불평하지 말고 순종함으로 웰다잉의 신앙생활을 시작해야 합니다. 하나님의 때는 도적같이 찾아옵니다. 고난의 때도 그리고 죽음의 때도 그렇습니다. 중요한 것은 삶의 작은 부분 하나하나에서 순종을 훈련하지 않으면 우리는 하나님께 영광 돌리는 죽음으로 나갈 수 없습니다.

인생의 가장 위대한 순종은 하나님이 나에게 말씀하시는 '죽음에 대한 순종'입니다. 두려워하고 거부하고 도망치는 삶을 살지 말고 하나님의 때에 대한 순종으로 하나님께 영광 돌리는 삶을 살아가야 합니다. 순종하면 그때부터 하나님이 여시는 길이 보이고 하나님이 준비하신 삶이 보이기 시작합니다.

그러므로 하나님이 우리의 삶에 주시는 그 어떤 때라도 순종하고 받아들임으로 하나님께 영광 돌리는 삶이 되어야 합니다.

하나님의 방법에 대한 순종

하나님께 영광 돌리는 웰다잉 신앙생활이 되기 위해 필요한 또 하나는 하나님이 '내게 원하시는 방법'에 대한 순종도 따라와야 한다는 것입니다. 하나님의 방법이란 이렇게 이해하는 것이 더 명확합니다. '내가 원하지 않는 것, 내가 원하지 않는 곳, 그리고 내가 원하지 않는 방법으로 우리의 삶을 이끄시는 것'입니다.

물론 하나님의 방법 중에는 내가 좋아하고 내가 기다리는 것도 있을 수 있겠지만 그러한 삶에 대한 순종은 아주 쉽습니다. 그러나 내가 원하지 않고 내가 싫어하는 방법에 대한 순종은 정말 쉽지 않습니다. 그래서 우리에게는 순종의 훈련이 필요한 것입니다.

주님은 베드로가 맞이하게 될 죽음에 대해 소개하고 있는데 세 가지 일이 일어날 것을 말씀합니다.

> 내가 진실로 진실로 네게 이르노니 네가 젊어서는 스스로 띠 띠고 원하는 곳으로 다녔거니와 늙어서는 네 팔을 벌리리니 남이 네게 띠 띠우고 원하지 아니하는 곳으로 데려가리라 (요 21:18).

첫째, '네 팔을 벌리리니'라는 말은 베드로가 맞이할 죽음이 평범한 노년에 주어지는 편안한 죽음이 아니라는 말씀입니다. 대신 주님처럼 십자가에 달려 죽게 될 것이라는 것을 암시하고 있습니다.

둘째, '남이 네게 띠 띠우고'라는 말은 베드로가 결박당한 죄수처럼 되리라는 말씀입니다. 사도행전 21장 11절을 보면 선지자 아가보가 바울의 띠를 가져다가 유대인들이 이 띠의 임자를 결박하여 이방인의 손에 넘겨주리라고 말합니다. 본래 '띠를 띤다는 것'은 스스로 어떤 활동을 위해 띠를 띠고 나가는 것이지만 '남이 띠 띠운다는 것'은 결국 묶이는 것을 의미하고 다른 사람의 손에 넘겨지게 된다는 것을 말하는 것입니다.

셋째, 그리고 자신이 원하지 않는 곳으로 데려가리라고 말씀하십니다. 다시 베드로가 맞이하게 되는 늙었을 때의 삶은 편안한 노년이 아닌 고통과 상실의 시간입니다. 그가 원하는 방법이 아니었고 자신이 예상했던 죽음의 밑그림이 아니었을 수도 있습니다. 그러나 주님이 그에게 순종하기 원하시는 방법입니다.

그런데 이 죽음의 모습을 자세히 들여다보면 바로 주님이 순종하는 모습과 유사하다는 것을 발견하게 됩니다. 결국, 하나님께 영광 돌리는 죽음이란 '주님을 따라가다가 맞이하는 죽음'입니다. 주님을 따라가는 삶이란 철저하게 자기를 부인하고 자기 십자가를 지고 주님을 따라가는 삶을 의미합니다.

> 이 말씀을 하심은 베드로가 어떠한 죽음으로 하나님께 영광을 돌릴 것을 가리키심이러라 이 말씀을 하시고 베드로에게 이르시되 나를 따르라 하시니 (요 21:19).

그래서 주님이 베드로에게 '나를 따르라'고 말씀하십니다. 나를 따르라는 말씀은 죽기까지 나를 따르라는 말씀입니다. 베드로의 방법을 내려놓고 하나님의 방법으로 주님을 따르라는 말입니다. 솔직히 초기의 베드로 모습은 주님을 따라다니기는 했지만, 온전히 주님을 따르는 자가 되지 못했습니다. 그러나 주님의 부활을 경험한 지금은 주님을 제대로 따라가는 자가 되라고 말씀하시는 것입니다. 그리고 주님은 베드로가 그렇게 주님을 따라가게 될 것을 이미 아셨습니다.

> 시몬 베드로가 이르되 주여 어디로 가시나이까 예수께서 대답하시되 내가 가는 곳에 네가 지금은 따라올 수 없으나 후에는 따라오리라 (요 13:36).

베드로의 순종

실제로 베드로의 죽음에 대해 초대 교회의 유명한 역사가 유세비우스는 자신의 책 『교회사』에 소개합니다. 그때는 기원후 60년대 중반인데 네로 황제의 핍박 시기였습니다. 베드로는 흩어진 유대인들에게 말씀을 전하고 로마에 갔을 때 거기서 십자가에 거꾸로 못 박혀 죽었습니다. 역사가 유세비우스는 말합니다.

"베드로 자신이 그렇게 고통받기를 요구했다."

이 말이 놀랍지 않습니까?

모든 사람이 죽음에 대해 두려워하고 공포를 느끼는데 어떻게 베드로는 스스로 그렇게 고통받기를 요구했을까요?

왜냐하면, 자신이 어떠한 죽음으로 하나님께 영광 돌릴 것인가에 대해 주님이 밑그림을 그려주셨고 또한 미리 예언적인 말씀을 주셨기 때문입니다. 아마도 이때부터 베드로의 인생은 웰다잉 신앙생활이 시작되었을 것입니다. 일평생을 이러한 죽음으로 하나님께 영광 돌리는 삶을 준비했고 순종하면서 자신의 길을 걸어갔던 것입니다. 세상 사람들이 말하는 존엄하고 품위 있는 죽음을 맞이하지는 못했을지라도 하나님께 영광 돌리는 죽음을 준비했던 그의 삶은 진정으로 하나님께 영광 돌리는 죽음을 선택했습니다.

이제 우리 자신에게 질문해야 합니다.

첫째, 어떠한 죽음을 맞이할 것인가?
둘째, 그 죽음이 하나님께 영광을 돌리는 죽음이 되는가?
셋째, 그렇다면 잘 죽기위한 웰다잉의 신앙생활을 어떻게 해 나갈 것인가?

그 시작이 바로 지금 내게 주신 하나님의 때에 그리고 하나님의 방법에 순종하는 것입니다. 웰다잉의 신앙생활은 순종 없이는 절대 불가능합니다. 또한, 하나님 없는 세상 사람들은 절대로 이 길을 걸어갈 수 없습니다. 왜냐하면, 성경에서 말하는 웰다잉 신앙생활은 세상에서 말하는 존엄하고 품위있는 죽음이 아니기 때문입니다.

루비 캔드릭의 죽음

그러므로 하나님께 영광 돌리기 위해 '어떤 것의 행함'도 중요하지만 단지 '순종'하는 자리에 서는 것, 순종하는 삶을 살아가는 것이 더 우선적으로 필요합니다. 합정역에 가면 '양화진선교사묘원'이 있습니다. 거기에는 우리나라에서 선교 사역을 감당하다가 순교하신 선교사님의 묘들이 자리 잡고 있습니다. 그중에 미국의 루비 캔드릭 선교사(Ruby R. Kendrick, 1883년~1908년)라는 분이 있습니다.

루비 캔드릭 선교사는 미국남감리회 여선교사인데 1907년 9월 남감리회에서 한국 선교사로 파송을 받아 한국 땅을 밟게 됩니다. 이후 개성으로 사역지를 배정받아 한국어를 배우면서 사역을 시작하게 되었는데 어학 공부를 하던 중 맹장염으로 하나님의 부르심을 받게 됩니다. 그 당시 의료 기술이 맹장염을 치료할만한 상황이 되지 못해 한국에 온 지 9개월도 채 안 된, 그녀의 나이 25세의 젊은 나이에 세상을 떠났습니다. 어떻게 보면 아무것도 하지 않은 채로 죽음을 맞이한 것입니다.

그래서 어떤 이는 아까운 젊음을 낭비했다고 생각할지 모르지만, 하나님의 부르심을 받고 서 있는 '순종의 자리'가 하나님께 영광 돌리는 삶입니다. 캔드릭 선교사는 죽어 가면서도 자신을 파송한 선교회에 편지 한 통을 보내게 됩니다.

> 만일 내가 죽으면 텍사스 청년 회원들에게 열 명씩, 스무 명씩, 오십 명씩 아침 저녁으로 조선에 나오라고 전해 주십시오. 만약 내게 천 개의 생명이 있다면 나는 천 개의 생명을 모두 조선을 위해 바치겠습니다. 저는 이 땅에 저의 심장을 묻겠습니다. 이것은 조선에 대한 나의 열정이 아니라 하나님의 조선을 향한 열정입니다.

무모해 보인 한 젊은 선교사의 죽음은 선교사의 순교 소식을 접한 텍사스 남감리교회에서 20명의 청년 선교사로 결단하게 만들었고 새로운 생명 탄생의 씨앗을 예고했습니다. 이제 우리는 웰다잉 신앙생활을 준비해야 합니다.

  '어떠한 죽음을 맞이할 것인가?'

  이를 기도하며 준비해야 합니다. 그리고 그 죽음이 하나님께 영광을 돌리는 죽음이 되기 위해 어떻게 해야 하는가를 기도하십시오. 그리고 웰다잉의 신앙생활을 위해 지금 내게 주어진 하나님의 때에 그리고 하나님의 방법에 순종하는 삶을 위해 기도하십시오. 그래서 마지막 하나님의 부르심의 시간인 죽음의 시간조차도 순종함으로 하나님 앞에 나가는 삶이 되기를 바랍니다.

| 말씀 | Activity | 웰다잉 프로젝트 |

1. 당신은 어떠한 모습으로 죽음을 맞이하기를 원하십니까? 또한, 어떠한 죽음이 하나님께 영광 돌리는 죽음이 된다고 생각하십니까?

2. 하나님께 영광 돌리는 죽음으로 나가기 위한 웰다잉 신앙생활의 실천 사항을 적어 보세요.

제5장

내 인생의 마지막 말 한마디

해피 엔딩 예배

2017년 11월 20일 일본 「니혼게이자이」 신문에 흥미로운 광고 하나가 실렸습니다. 앞으로 3주 후 12월 11일에 '생전장례식' 행사에 사람들을 초대한다는 내용이었습니다. 이 광고를 게재한 사람은 일본 건설기계 분야 1위 기업 고마쓰의 안자키 사토루(安崎曉)회장입니다.
그는 온몸에 암이 전이되어 수술이 불가능하다는 판정을 받고 일체의 연명 치료를 거부하며 생을 정리하고 있었습니다. 그는 연명 치료 대신 조금이라도 건강할 때 자신을 아는 사람들에게 감사의 마음을 전하고 싶다며 생전장례식을 계획했습니다. 대기업 회장의 생전장례식이란 이례적인 행사에 지인, 동창생, 회사 관계자 등 1,000여 명이 참석했습니다.
안자키 사토루 회장이 어떻게 살아왔는지를 보여 주는 사진과 동영상이 상영되었고, 모두에게 감사하다는 편지도 낭독되었습니다. 그는 휠체어를 타고 모든 테이블을 돌면서 참석자들과 일일이 악수를 하며 감사의 인사를 나누었습니다. 그리고 6개월 후 81세의 나이로 생을 마감했습니다.

많은 기독교인이 죽기 전에 드리는 임종 예배가 이와 비슷합니다. 임종 예배란 "죽음을 앞둔 사람과 더불어 인생의 운명을 주관하시는 하나님께 드리는 예배"를 의미하는데 죽음에 다다른 사람에게는 천국을 소망케 하고, 남은 가족에게는 신앙적 용기를 북돋워 주는 역할을 하게 됩니다.

그런데 임종 예배는 의식이 전혀 없을 때나 몸을 가눌만한 힘이 없을 때 하려고 하지 말고 아직 정신이 온전하고 자기 힘으로 몸을 가눌 수 있을 때 모든 가족과 지인들을 초대해서 드리는 것이 좋습니다. 임종 예배라는 이름이 거부감이 있다면 '해피 엔딩 예배'라는 이름으로 드리는 것도 방법이 됩니다.

우리는 이 예배를 통해 배웁니다.

첫째, 천국 갈 준비가 되었는지를 확인합니다.
둘째, 죽음을 앞둔 이가 자녀들에게 그리고 주변 사람들에게 남길 말들을 전합니다.
셋째, 함께 모인 이들이 마지막으로 하고 싶은 말을 전합니다.
넷째, 자신이 평생 준비했던 해피 엔딩 노트를 자녀들에게 전달합니다.

이렇게 예배 순서를 진행하는 것도 참 의미가 있습니다.

자기 죽음을 맞이하면서 마지막 정리의 시간을 가진다는 것은 본인이나 남은 가족들에게 참 중요합니다. 죽음은 그만큼 우리의 삶에 중요한 영역이며 잘 준비하는 자만이 죽음을 통해 아름다운 열매를 거두는 것입니다.

삶의 가장 중요한 행위로써의 죽음

헨리 나우웬은 "거울 너머의 세계"라는 책을 통해 자신이 당했던 교통사고로 인해 죽음의 문턱까지 가게 되었던 경험을 통해 자기 죽음의 모습이 다른 사람들의 삶에 영향을 미친다는 것을 알게 되었습니다.

"죽음을 통해 우리는 다른 사람들을 죄책감으로 묶어 놓을 수도 있고 자유롭게 감사할 수 있는 상태에 둘 수도 있습니다."

예를 들어 고통과 분노 가운데 죽어 가는 모습을 가족들이나 주변 사람들이 보게 된다면 남은 가족들은 죽어 가는 자가 남긴 분노와 고통의 원인을 자기 자신들에게서 찾게 되고 죄책감에 부끄러워하거나 혹은 지울 수 없는 상처를 가지게 될 것입니다.

그러나 죽음을 앞두고 용서하고 감사하고 기쁨과 소망의 말을 하게 된다면 주변 사람들은 평안함을 느끼게 되고 다시 만날 미래에 대해 기대를 하게 될 것입니다. 그래서 헨리 나우웬은 "죽음이야말로 가장 중요한 삶의 행위"라고 말합니다. 죽음은 정말 우리가 살아가는 삶에서 마지막으로 하게 되는 그리고 가장 중요한 행위이기에 잘 준비되어야 합니다.

패니 크로스비의 '마지막 말 한마디'

　미국에서 가장 유명한 찬송 시인이며 찬송가 작사가였던 패니 크로스비(Fanny Crosby)는 태어난 지 6주 만에 의사의 실수로 시각 장애인이 되었습니다. 그러나 그렇게 장애가 있음에도 95년이라는 삶의 시간 동안 그는 12,000여 편의 찬송 시를 만들었고 지금도 많은 사람에게 그녀가 만든 찬송이 도전과 감동을 주고 있습니다. 패니가 시각 장애를 극복하고 건강한 성품과 인격의 신앙인으로 성장하게 된 데는 할머니 유니스 코로스비의 역할이 컸다고 전해집니다.

　패니의 어머니가 생활고로 늘 바빴기 때문에 패니는 어릴 때부터 할머니와 많은 시간을 보내야 했습니다. 그래서 할머니의 입을 통해 세상에 대해 듣고, 할머니가 들려주시는 성경 이야기를 듣고 배우면서 패니의 인격과 가치관이 형성되게 됩니다. 패니가 11살이었을 때 할머니가 하나님의 부르심을 받게 됩니다. 할머니는 하나님의 부르심을 받기 바로 전에 패니에게 이런 질문을 했다고 합니다.

　"패니야! 저 높은 곳에 계시는 우리 아버지의 집으로 할머니를 만나러 올 수 있겠지?"

　할머니의 이 마지막 한마디는 패니의 머릿속에 남게 되었고 삶의 순간마다 이 질문을 던지며 할머니와 다시 만날 날을 고대하였습니다. 그녀가 뉴욕주립맹인학교 교사로 일할 때 뉴욕을 휩쓴 콜레라로 인해 수많은 사람이 죽음을 맞이하게 되었습니다. 한주에도 천여 명이 죽어 가는 심각한 상황이었을 때 패니는 죽음에 대한 두려움을 느끼게 됩니다. 그리고 할머니가 돌아가시기 전날 밤에 말씀하셨던 질문이

떠올랐습니다.

"저 높은 곳에 계시는 우리 아버지의 집으로 할머니를 만나러 올 수 있겠지?"

그러나 할머니의 이 질문에 패니는 죽음이라는 현실 앞에 "네"라고 대답을 할 수가 없었습니다. 그러나 어느 한 집회에서 예수님을 진정으로 자신의 구주로 영접하면서 예수님이 자신을 위해 십자가에서 죽으셨다는 것과 예수님을 통해 저 천국에 가게 된다는 것을 믿게 되었습니다. 그리고 자신 있게 할머니를 만나러 아버지의 집으로 갈 수 있다고 고백했습니다.

1915년 2월 11일, 패니가 죽기 전날 밤, 딸의 죽음으로 슬픔에 잠긴 친구에게 보낼 편지와 위로의 시 한 편을 받아쓰게 했습니다. 그 찬송이 패니가 마지막 남긴 유언 같은 고백입니다. 우리가 잘 아는 찬송가 240장 '주가 맡긴 모든 역사'입니다.

> 주가 맡긴 모든 역사 힘을 다해 마치고
> 밝고 밝은 그 아침을 맞을 때
> 요단강을 건너가서 주의 손을 붙잡고
> 기쁨으로 주의 얼굴 뵈오리
> 나의 주를 나의 주를
> 내가 그의 곁에 서서 뵈오며
> 나의 주를 나의 주를
> 손의 못자국을 보아 알겠네

패니 크로스비의 이 고백 속에는 소중한 내용이 담겨 있습니다.

첫째, 주님이 맡긴 모든 역사를 힘을 다해 마쳤다는 자신의 고백이 담겨 있습니다.
둘째, 요단강을 건너가게 되면 주님을 기쁨으로 만나게 된다는 것을 고백합니다.
셋째, 그리고 일평생을 시각장애자로 살았던 그가 그곳에서 눈이 열려 주님의 못 자국을 보고 주님이라는 것을 알게 된다는 감격적인 고백을 하고 있습니다.

결국, 죽음 직전 할머니의 마지막 말 한마디가 패니의 삶에 영향을 주었고 패니의 마지막 고백을 담은 찬송이 죽음 앞에 서 있는 우리에게 도전과 소망을 주고 있는 것입니다. 그렇다면 우리 모두도 인생에서 던지는 마지막 말 한마디를 통해 누군가의 인생에 변화와 도전을 줄 수 있어야 합니다. 그렇기에 우리가 세상에 남길 마지막 말 한마디를 기도하며 준비해야 합니다.

후일에 당할 일 Vs 축복

오늘 성경에 나오는 야곱이 죽을 날이 가까워져 오게 되었습니다. 그래서 그의 모든 아들을 불러 모으고 그가 전할 말 한마디를 각 아들에게 전달합니다.

> 야곱이 그 아들들을 불러 이르되 너희는 모이라 너희가 후일에 당할 일을 내가 너희에게 이르리라 (창 49:1).

야곱은 아들들에게 '후일에 당할 일을 이르겠다'라고 말합니다. 그런데 그 후일에 당할 일이 뒤에는 '축복'이라는 표현으로 쓰이고 있습니다.

> 이들은 이스라엘의 열두 지파라 이와 같이 그들의 아버지가 그들에게 말하고 그들에게 축복하였으니 곧 그들 각 사람의 분량대로 축복하였더라 (창 49:28).

분명히 시작은 후대에 당할 일을 알려 주는 경고의 의미 혹은 하나님의 메시지를 전달하는 예언의 의미로 시작되었는데 왜 그것을 축복이라고 부르고 있을까요?

심지어 어떤 아들에게는 전혀 축복처럼 느껴지지 않는 메시지를 야곱이 전하고 있습니다. 시므온과 레위에게는 저주를 받을 것이라는 말을 두 번이나 사용하고 있습니다.

그런데 왜 그 메시지가 축복이라고 말하는 것일까요?

왜냐하면, 후일에 당할 일을 마음속에 새겨듣고 지금부터라도 자신의 삶을 바꾸어나가게 되면 그 메시지가 자신에게 축복이 될 수 있기 때문입니다.

지금 야곱이 전하는 메시지는 야곱 개인이 자신의 개인적인 감정이나 판단을 담은 메시지가 아닌 말 그대로 후일에 당할 일을 각 아들의 분량대로 전하는 예언자적인 메시지입니다. 어떻게 보면 하나님이 야곱의 입을 통해 그의 자녀들에게 전하시는 메시지입니다. 그렇다면 지금 당장에는 아프고 받아들이기 힘든 메시지일지라도 그것을 하나님이 내게 주실 축복의 메시지로 받아들이면 삶이 달라지는 것입니다.

실제로 열두 지파 가운데 하나인 레위는 야곱에게 저주를 받았습니다. 그들의 칼이 폭력의 도구였고 자신의 분노대로 사람을 죽이고 그들의 혈기대로 소의 발목 힘줄을 끊었음을 책망받고 심지어 저주까지 받았습니다. 그러나 레위와 그의 자손들은 아버지 야곱의 메시지를 겸허하게 받아들이고 반성한 것 같습니다. 그리고 아버지의 저주대로 되지 않기 위해 노력하고 또 노력했습니다.

출애굽기 32장 이스라엘 백성이 광야에서 하나님이 아닌 금송아지를 섬기는 사건이 발생했고 하나님은 분노하셨습니다. 모세는 '하나님의 편에 있는 자는 내게로 나오라'고 할 때 레위 자손들이 일어섭니다. 그리고 허리에 칼을 차고 우상 숭배자들을 제거하라고 했을 때 그들은 다시 칼을 듭니다.

이번에는 자신들의 복수심과 분노로 칼을 드는 것이 아니라 하나님의 공의와 정의를 이루기 위해 칼을 휘두릅니다. 그 행동을 하나님이 의롭게 여기셨고 모세가 죽기 전에 열두 지파를 다시 축복하게 하시는데 그들은 이제 저주가 아닌 축복을 그리고 그들에게 위대한 제사장의 사명을 감당하는 복을 허락하십니다.

굿나잇 키스 Vs 굿바이 키스

 미국에서 있었던 실제 이야기입니다. 어른이 된 아들 넷을 둔 한 어머니가 병상에서 임종을 맞이하게 되었습니다. 어머니가 병상에 둘러서 있는 아들들에게 작별의 키스를 하라고 했습니다. 그런데 첫째, 둘째, 셋째에게는 '굿나잇 키스'를 하라고 했으나 막내아들에게만 '굿바이 키스'를 하라고 했습니다. 막내아들은 이상해서 어머니께 물었습니다.
 "어머니 왜 형들에게는 굿나잇 키스를 하라 하시고 저는 굿바이 키스를 하라고 하시나요?"
 "애야, 너의 형들은 머지않아 저 좋은 천국에서 엄마와 다시 만나게 된단다. 그러나 너와는 이게 마지막이란다."
 "왜요?"
 "엄마는 너를 예수님께 인도하고자 최선을 다했지만 너는 끝내 네 멋대로 살고 있는데 어떻게 너와 내가 다시 만날 수가 있겠니?
 그래서 네 형과는 굿나잇 인사를 하게 되었고 너와는 굿바이 인사를 하게 된 거란다."
 그러자 막내아들이 눈물을 흘리며 어머니에게 말합니다.
 "어머니, 저도 굿나잇 키스를 할께요!
 어머니, 굿 나잇!"
 이러면서 막내아들도 믿음의 길을 선택하게 되었다고 합니다.

부모의 마지막 말 한마디

　부모의 마지막 말 한마디가 자녀의 인생을 바꾸어 놓은 것입니다. 그러므로 부모는 각 자녀에게 그들의 분량대로 축복해야 합니다. 때로는 아프지만 그들을 향한 하나님의 메시지를 전해야 합니다. 그래야 자녀들의 삶에 변화가 시작되는 것입니다.
　야곱은 개인별로 전하는 마지막 말 한마디를 마치고 이제 모든 자녀를 모으고 모든 자녀에게 전하는 마지막 말 한마디를 남깁니다. 어떻게 보면 이 말 한마디가 야곱이 자녀들에게 전하는 유언 같은 메시지입니다. 그가 남기는 인생의 마지막 말 한마디는 이런 것이었습니다.
　창세기 49장 29절입니다.
　"내가 죽거든 나를 헷사람 에브론의 밭에 있는 굴에 장사하라."
　다시 말해, 자신의 조상 아브라함이 예전에 구입한 가나안 땅 막벨라 굴에 자신을 묻어달라는 것이었습니다. 별것 아닌 장례 방법에 관한 이야기처럼 느껴지지만 이것은 단순한 말이 아닌 야곱의 소망과 간절함이 담긴 고백입니다. 자기 인생의 마지막에 전하는 마지막 말 한마디의 무게를 가지고 있는 말입니다. 그래서 우리는 이 말 한마디를 주목해서 살펴보아야 합니다.

약속에 근거한 말 한마디

　야곱이 이것을 자신의 마지막 말 한마디로 전했던 이유는 야곱이 가나안 땅을 떠나 애굽으로 내려올 때 여러 가지 두려움과 많은 갈등

이 있었는데 그때 하나님이 야곱에게 나타나셔서 애굽으로 내려가는 것을 두려워하지 말라고 하시면서 약속의 말씀을 주셨습니다.

> 내가 너와 함께 애굽으로 내려가겠고 반드시 너를 인도하여 다시 올라올 것이며 요셉이 그의 손으로 네 눈을 감기리라 하셨더라 (창 46:4).

반드시 그를 인도하여 다시 올라오게 하실 것이라는 약속이었습니다. 그렇기에 지금 야곱이 자녀들에게 하는 마지막 말 한마디는 하나님의 약속에 근거한 말 한마디입니다.

그런데 야곱은 이미 하나님의 약속이 자기 삶에서 이루어진 경험을 하고 있습니다. 그래서 더 자신감 있게 이 말을 하는 것입니다. 그는 형 에서의 장자권을 훔치고 아버지의 축복을 빼앗은 것으로 인해 밧단아람에 있는 외삼촌 라반의 집으로 도망쳐야 하는 상황이었습니다. 두려움 가운데 벧엘 광야에 이르러 잠을 자고 있을 때 하나님이 그에게 나타나 약속을 주셨습니다.

> 내가 너와 함께 있어 네가 어디로 가든지 너를 지키며 너를 이끌어 이 땅으로 돌아오게 할지라 내가 네게 허락한 것을 다 이루기까지 너를 떠나지 아니하리라 하신지라 (창 28:15).

"너를 이끌어 이 땅으로 다시 돌아오게 하리라"는 하나님의 약속이 20년이라는 오랜 시간이 걸렸지만, 하나님은 정말 야곱을 다시 약속의 땅 가나안으로 돌아오게 해 주셨습니다. 그리고 지금은 애굽으로 내려왔지만, 그는 분명히 확신했습니다. 하나님이 자신을 가나안 땅으로 다시 올라오게 하실 것이라는 약속이 자기 삶에서 이루어질 것을 믿었습니다.

물론 살아서는 다시 돌아가지 못했습니다. 그러나 자신이 죽을지라도 하나님의 약속이 반드시 자기 삶에 이루어지기를 야곱은 간구했던 것입니다.

간절한 소망에 담긴 말 한마디

그런데 하나님의 약속을 붙드니 그에게 간절한 소망이 생겼습니다.

> 이스라엘이 죽을 날이 가까우매 그의 아들 요셉을 불러 그에게 이르되 이제 내가 네게 은혜를 입었거든 청하노니 네 손을 내 허벅지 아래에 넣고 인애와 성실함으로 내게 행하여 애굽에 나를 장사하지 아니하도록 하라 (창 47:29).

그래서 야곱이 먼저 요셉을 불러 간곡하게 부탁합니다. 자신이 죽거든 애굽에 장사하지 말고 조상의 묘지에 장사해 달라는 것입니다. 그리고 창세기 49장, 모든 아들이 모인 자리에서 야곱은 한 번 더 부탁합니다. 자신을 조상들이 있는 땅에 묻어달라고 말입니다. 반복해서 말한다는 것은 자신의 간절함 드러내는 것이며 또한 자신이 오랜 기간 가지고 있었던 소망이라는 것을 드러냅니다. 그 소망이 자신의 마지막 말 한마디에 담긴 것입니다.

삶의 구심점이 있는 인생

그리고 야곱이 약속과 소망을 붙들게 되자 그의 인생에 구심점이 생겨났습니다. 구심점(求心點)이란 원의 중심이 되는 점을 의미합니다. 구는 어떤 위치에 서 있든지 간에 구심점으로 시선이 모여지게 되는 것처럼 야곱은 밧단 아람에 있을 때나 지금 애굽 땅에 있을 때나 그가 어디에 있든지 간에 그가 바라보는 구심점은 '약속의 땅 가나안 땅'이었습니다. 구심점을 바라보는 인생이 되니 결국 그곳으로 지향하는 삶을 살게 된 것입니다.

약속의 계승

야곱이 자녀들에게 전한 마지막 말 한마디에는 하나님의 약속이 담겨 있었고, 자신의 간절한 소망도 담겨 있고, 그리고 자신이 평생 바라보았던 영적 구심점도 들어있었습니다. 그리고 자신의 마지막 말 한마디를 통해 야곱은 하나님이 자신을 향하신 약속이 자기 자녀들에게 그리고 그 자손들에게 전달되기를 바라고 있었습니다. 어떻게 보면 우리가 인생의 마지막 말 한마디를 준비해야 하는 이유도 바로 이것 때문입니다.

내게 주신 하나님의 말씀과 약속이 내 자녀들에게도 전달되어서 그들의 인생에도 하나님의 복을 누리게 하는 것, 이것이 모든 부모가 가지는 소망일 것입니다. 그런데 정말 야곱이 남긴 인생의 마지막 말 한마디가 놀라운 역사를 만들어 냅니다.

첫째, 가장 먼저, 야곱의 말대로 그는 가나안 땅 막벨라 굴에 장사됩니다. 비록 자신은 죽었지만, 하나님의 약속이 이루어지는 은혜를 경험하게 됩니다.

둘째, 그리고 야곱의 아들 요셉이 아버지 야곱의 약속을 계승합니다. 창세기 50장 요셉은 죽을 때 자기 형제들에게 부탁합니다. 하나님이 당신들을 이 땅에서 인도하여 내실 때 자신의 해골을 메고 가나안 땅으로 올라가 달라고 부탁합니다. 아버지의 마지막 말 한마디를 일평생 요셉이 붙들었고, 자신도 자기 가족들에게 동일한 말 한마디를 남깁니다.

셋째, 그리고 400년이 지난 후 이스라엘 백성들이 애굽을 떠날 때 모세의 손에는 요셉의 유골이 들렸습니다(출 13:19). 오랜 세월이 지났지만, 세대를 거쳐 약속의 계승이 일어나고 있었던 것입니다. 자녀들과 자손들의 삶에 영적인 구심점이 세워졌던 것입니다. 어쩌면 그러한 영적인 구심점이 있었기에 하나님이 이스라엘 백성들을 출애굽의 은혜 속으로 나가게 하신 것입니다.

야곱의 마지막 말 한마디를 통해 자녀들의 삶에 하나님의 약속이 계승되었고, 영적 구심점이 세워졌습니다. 이것이 우리가 인생의 마지막 말 한마디를 제대로 준비해야 하는 이유입니다. 우리가 남겨야 할 마지막 말 한마디는 우리 자신을 위한 것이 아닙니다. 남아있는 사람들을 위해 우리는 마지막 말 한마디를 준비해야 합니다.

그리고 그 마지막 말 한마디에 하나님의 약속과 말씀이 담겨야 하고, 자신의 간절한 소망을 담아야 하고, 더 나아가 남은 자들이 끝까지 바라보고 달려가야 할 삶의 구심점이 되는 내용을 담아야 합니다. 그래야 남은 자들이 그 말 한마디를 붙들고 자신의 남은 삶을 힘차게 달려갈 수 있습니다.

하나님 중심, 하나님 신뢰

저도 이 세 가지를 담은 어떤 마지막 말 한마디를 남길지 생각해 보았습니다. 그리고 저의 남은 가족들에게 남길 인생의 마지막 말 한마디를 드디어 찾게 되었습니다. 그것은 늘 제 마음속에 영적 구심점이 되는 "하나님 중심, 하나님 신뢰"라는 말입니다. 어떤 일을 하든지 모든 일(Everything)에 하나님 중심으로 살아가고, 인생의 바닥과도 같은 절망의 공허(Nothing) 상황을 만나더라도 하나님을 신뢰하며 살아가라는 메시지입니다.

이것은 제가 인생의 바닥을 경험하던 시절 하나님이 제게 주셨던 약속의 말씀입니다. 그리고 그때부터 지금까지 변함없이 제 인생의 좌우명으로 삼고 저희집 거실 벽에 액자로 만들어 모든 가족이 함께 붙드는 소망의 말씀이 되었습니다.

이 말에는 저의 간절한 소망이 담겨 있고 또한 제 삶의 구심점이 되는 말씀입니다. 그리고 저는 이 '하나님 중심, 하나님 신뢰'의 삶을 저의 자녀들도 그리고 그 아이들의 자녀들도 그렇게 살아가기를 원하는 간절한 소망을 가지고 있습니다. 그런데 이렇게 살아가는 것이 쉽지 않습니다.

인생의 바닥을 경험할 때 하나님을 신뢰하며 살아간다는 것, 그리고 삶의 모든 선택과 판단에서 하나님을 먼저 생각하고 중심으로 살아간다는 것은 많은 것을 포기해야 하는 일이기 때문입니다. 그러나 많이 부족하고 연약하여 늘 넘어지지만 분명한 한 가지 소망이 있습니다. "하나님 중심, 하나님 신뢰로 살아가면 반드시 하나님이 도우시리라"는 것을 말입니다.

여러분들은 어떤 인생의 마지막 말 한마디를 준비하고 계십니까?

기도하며 내 자녀들에게 남길 축복(祝福)의 말과 유언(遺言)의 말, 그리고 유지(遺志)의 말을 준비해야 합니다. 여기에는 하나님의 약속과 우리의 간절한 소망과 삶의 구심점이 되는 말 한마디를 준비하여 전해야 합니다. 그럴 때 내 인생의 마지막 말 한마디를 통해 누군가의 인생에 변화와 기적이 일어나게 될 것입니다.

| 말씀 | Activity | 나의 마지막 유언 |

1. 유언: 배우자에게, 자녀들에게, 기타(지인들)

2. 내 인생의 마지막 말 한마디

3. 나의 비문(묘비명)에 들어갈 한 문장을 적어 보세요.

내가 쓰는 나의 부고

1) 이름(한자/영어):

2) 일생(출생 년도-사망 년도):

3) 사망원인(예상 혹은 기대):

4) 장례식장 이름:

5) 장지(장소):

6) 어떤 사람으로 평가되고 기억되기를 원하십니까?

(한 문장으로 자기 자신을 소개하며 사망 소식을 전하십시오)

제2부

페이스 to 페이스

죽음을 마주 보며
삶을 살아가라

제6장

죽음이 던지는 인생 질문

미국의 저명한 학자였던 아담스 박사가 은퇴하고 쓸쓸한 여생을 보내고 있었습니다. 하루는 이른 아침에 산책하고 있는데 제자들을 만나게 되었습니다. 제자들은 아담스 박사에게 인사를 했습니다.

"요즘 어떻게 지내고 계십니까?"

그러자 아담스 박사는 "나는 잘 지내지만 내가 사는 집이 요즘 말이 아닙니다. 집의 기둥이 흔들리고 지붕이 날아가고 벽이 허물어지기 일보 직전입니다"라고 대답했습니다. 그 말에 제자들은 깜짝 놀라면서 어떻게 그렇게 저명한 박사님이 그렇게 힘든 삶을 사실 수 있느냐며 자신들이 제자들을 모아 기금을 만들어 박사님의 집을 새롭게 보수해 드리겠다고 말했습니다.

그러자 아담스 박사는 미소를 지으며 이렇게 말합니다. "이제 나이가 들다 보니 집을 지탱하는 두 다리가 흔들리고, 집의 지붕인 머리털이 다 빠져 버렸고, 그리고 몸의 살도 빠져 이렇게 앙상하게 되었으니 이제 곧 이 집이 무너지게 되었죠.

그런데 그대들이 어떻게 내 집을 다시 지어줄 수 있겠습니까?

한번 죽는 것은 사람에게 정해진 것이고 누구도 그것을 막을 수 없습니다"라고 말했다고 합니다.

죽음이라는 신호등

우리는 모두 죽음이라는 신호등 앞에 서게 됩니다. 이것은 빨리 출발한 사람도 그리고 늦게 출발한 사람도 모두 그 신호등 앞에서 만나게 됩니다. 그리고 좋은 차를 타고 달리는 사람도 그리고 곧 멈출 것 같은 고물차를 타고 달리는 사람도 모두 죽음이라는 신호등 앞에 서게 됩니다. 죽음은 모든 사람이 가지는 인생의 공통분모 같은 것입니다. 모든 사람이 죽음을 맞이하게 되지만 사람들은 죽음에 관해 직접적인 이야기를 하는 것을 좋아하지 않습니다.

그러나 죽음을 마주해야 우리가 살아가는 삶의 진정한 의미를 발견할 수 있게 되고 또한 어떻게 살아야 하는지 알게 됩니다. 그런 의미에서 죽음은 늘 우리 인생을 향해 말을 걸고 또한 중요한 인생 질문을 던지게 됩니다.

한 스승이 자신의 제자들을 데리고 학식과 덕망을 겸비한 한 세도가의 장례식에 가게 되었습니다. 뒤따라가던 제자 중 하나가 질문을 합니다.

"선생님, 왜 장례식장에 저희를 데리고 가시는 것입니까?"

그러자 스승은 아무런 말도 하지 않습니다. 그리고 집으로 돌아오는 길에 스승이 제자들에게 질문을 합니다.

"너희는 오늘 무엇을 보았는가?"

그러자 한 제자가 대답합니다.

"세상에 그렇게 많은 문상객이 몰린 장례식은 처음 보았습니다."

또 한 제자가 대답합니다.

"저는 권력의 힘을 보았습니다. 권력을 가진 자의 죽음 앞에는 저렇게 많은 사람이 찾아오는 것 같습니다."

또 한 제자가 말합니다.

"저는 장례식 절차가 그토록 엄숙하고 경건하다는 것을 깨닫게 되었습니다."

또 한 제자가 말합니다.

"저는 황금빛 관의 아름다움과 몰약의 향기에 매료되었습니다."

점점 스승의 표정은 굳어져 갔습니다. 그런데 침묵 가운데 있던 한 제자의 말에 스승의 입가에 환한 미소가 지어졌습니다.

"저는 단 한 가지, 죽음을 보았습니다. 세도가의 죽음을 통해 저의 죽음과 거기에 모인 모든 사람의 죽음을 보았습니다."

죽음이 던지는 인생 질문

우리는 누군가의 죽음을 통해 죽음이 우리 삶에 던지는 생애적인 질문을 들어야 합니다. 그래야 제대로 된 인생을 살아갈 수 있습니다.

그렇다면 죽음이 우리에게 던지는 질문은 무엇일까요?

나(죽음)를 누구라고 생각하는가?

솔직히 이 질문을 받은 사람들은 먼저 당황하게 됩니다. 죽음에 대해 별로 생각해 보지 않았기 때문입니다. 그러다 보니 죽음이 누구인지 알기 전에 우리는 본능적으로 죽음에 대한 공포와 절망을 느낍니다. 그래서 죽음을 '절망'으로 정의하기도 하고 또한 '두려움 혹은 공포'로 규정하기도 합니다. 그래서 사람들은 죽음의 공포와 두려움을 이겨내기 위해 죽음을 '영면'(永眠)이라고 부릅니다.

'죽음이 특별한 것이 아니라 마치 누구나 경험하게 되는 잠을 자는 것이다'라고 생각하는 것입니다. 그러나 새로운 일상에 대한 기대로 잠을 잘 때 그 잠은 쉼이 되고 재충전이 되지만 영원히 일어날 수 없는 잠이라면 그것은 또 다른 두려움의 시작이 되고 맙니다. 아마도 어떤 분은 잠을 자다가 죽기를 바라는 분들도 있을 것입니다. 고통 없이 하나님 나라 가는 것을 기대하기 때문입니다.

그러나 크리스천의 죽음은 고통 없이 죽는 것이 복이 아니라 '준비된 죽음'이 되어야 합니다. 고통 없이 편하게 죽는 것도 복일 수 있겠지만 성경에 나오는 순교자 스데반이나 수많은 믿음을 가진 사람의 죽음은 편안한 죽음이 아니었습니다. 대신 그들의 죽음은 '준비된 죽음'이었습니다. 준비된 죽음이란 자신에게 다가올 죽음의 때를 기다리고 준비하는 삶을 의미합니다. 잠을 자면서 고통이 없이 죽는 것은 좋은 일이지만 아무런 준비 없이 갑자기 만나는 죽음이라면 그것은 신앙을 가진 성도에게 합당한 죽음이 아닙니다.

또 어떤 사람들은 죽음을 '타계'(他界) 즉, '인간계를 떠나서 다른 세계로 가는 것'으로 생각하거나 '별세'(別世) 즉, '세상을 이별하다', '새로운 세상을 향해 출발하다'라고 이해하여 죽음이 끝이 아니고 새로운 세상으로 나가는 것으로 생각합니다.

그러나 한 번도 가보지 않는 새로운 세상에 대한 두려움이 또다시 우리를 힘겹게 하는 것입니다. 다시 말해, 세상 사람들에게는 이 죽음에 대한 두려움을 떨쳐 내기가 절대로 쉽지 않습니다.

한번 죽는다는 것은

> 한번 죽는 것은 사람에게 정해진 것이요 그 후에는 심판이 있으리니 (히 9:27).

성경은 죽음에 대해 "사람에게 정해진 것"이라고 말씀하고 있습니다. 여기에 몇 가지 죽음이 인생에게 던지는 질문에 대한 답을 찾을 수 있습니다.

첫째, "한번 죽는 것은 사람에게 정해진 것이다"라는 말씀은 우리 인생에게 죽음을 정하신 분이 있다는 것입니다. 그래서 기독교에서는 죽음을 '소천'(召天)이라고 부릅니다. 하나님이 부르신다는 의미입니다. 영어로 '콜링'(Calling)이라는 의미입니다.

사람은 세상에서 세 번의 부르심을 받게 됩니다. 먼저는 영적인 부르심, 즉 믿음에 대한 부르심이 있고 그다음은 사명을 위한 부르심이 있고 마지막으로 죽음에 대한 부르심을 받게 됩니다. 영적인 부르심을 통해 우리는 구원받게 되고, 구원을 받은 자는 구원을 주신 하나님이 우리를 부르시는 사명의 자리로 나가게 되고 결국 마지막에 죽음 앞에 서게 됩니다. 이 모든 부르심의 시작이 하나님이시고 또한 하나님의 주권적인 영역입니다.

둘째, "한번 죽는 것은 사람에게 정해진 것이다"라는 말씀은 죽음의 문제는 사람에게 정하신 하나님의 질서라는 것을 보여줍니다. 죽는 것이 이상하거나 특별한 것이 아니라 하나님이 정하신 순리이며 하나님의 질서 가운데 있는 자연스런 부분이라는 것을 말하는 것입니다.

셋째, "한번 죽는 것은 사람에게 정해진 것이다"라는 말씀은 각자에게 주신 죽음의 때가 있다는 것을 말합니다. 죽음의 때를 우리가 알지 못하지만, 하나님이 정하신 죽음의 때에 순종해야 한다는 것을 말하고 있습니다.

죽음에 대한 순종

결국, 죽음은 우리를 향한 '하나님의 부르심'이고, '자연스러운 하나님의 질서'에 속한 것이며, '순종해야 할 영역'임을 보여줍니다. 그러기에 죽음은 두려움이나 공포가 아닙니다. 또한, 두려워하거나 도망치는 것이 아니라 부르심에 순종하고 하나님 앞에 서기 위한 준비 과정이 되어야 합니다.

한 왕이 자신이 아끼는 한 신하에게 만찬에 초대한다는 초대장을 보냈습니다. 그런데 그 신하가 오겠다는 답신을 주지 않아 왕의 마음이 조금 불편했습니다. 그런데 만찬장에 그 신하가 온 것을 보게 되었습니다. 그래서 왕이 약간 의외라는 표정으로 그를 맞으며 물었습니다.

"어떻게 온 것이요?"

그러자 그 신하가 몹시 당황한 얼굴로 다시 물었습니다.

"왕께서 저를 초대하지 않으셨습니까?"

그러자 왕이 이렇게 말합니다.

"그런데 그대는 나의 초대에 아무런 응답도 보내지 않았잖소?"

비로소 왕의 말의 뜻을 이해한 신하는 정중하게 대답했습니다.

"왕의 초대에는 신하 된 제가 가타부타 대답할 수 있는 것이 없습니다. 다만 순종만 있을 뿐입니다"라고 대답했다고 합니다. 아브라함이 자기 독자 이삭을 죽여 번제로 드리고자 했던 순종을 할 수 있었던 것은 하나님의 부르심이었기 때문입니다.

죽음 앞에 우리의 자세가 바로 이러해야 합니다. 죽음은 하나님의 부르심이자 하나님이 정하신 질서이기에 우리가 할 수 있는 선택은 기쁨으로 순종하는 것입니다.

나(죽음)를 맞을 준비가 되었는가?

죽음은 우리에게 두 번째 질문을 던집니다.

"나 즉, 죽음을 맞을 준비가 되었는가?"

간단하게 말하자면 '죽을 준비가 되었는가?'
이를 묻는 것입니다.

> 한번 죽는 것은 사람에게 정해진 것이요 그 후에는 심판이 있으리니 (히 9:27).

우리가 왜 죽을 준비를 해야 하는가 하면 한번 죽는 것이 이미 우리에게 정해졌고 그 후에 심판이 있기 때문입니다.

> 내가 진실로 진실로 너희에게 이르노니 내 말을 듣고 또 나 보내신 이를 믿는 자는 영생을 얻었고 심판에 이르지 아니하나니 사망에서 생명으로 옮겼느니라 (요 5:24).

죽음 이후에 반드시 심판이 따르게 되는데 심판에 이르지 않는 유일한 방법은 '믿음'입니다. 그 믿음이 우리로 영생을 얻게 하고 심판에 이르지 않게 합니다. 여기서 말하는 심판은 사망 즉, 영벌인데 우리가 믿음으로 사망에서 생명 즉 영생으로 옮겨지는 은혜를 받게 된 것입니다.

결국, 죽을 준비를 한다는 것은 모든 사람이 죽게 되면 받게 되는 '심판'을 피하는 준비를 하는 것입니다. 그것이 바로 예수님을 내 인생의 주인으로 받아들이고 또한 예수님을 구원자로 믿는 믿음입니다. 그 믿음이 사망에서 생명으로 우리의 영혼이 옮겨지게 하는 것입니다.

준비되지 않은 죽음

미국의 어느 한 부자가 죽었을 때 그의 노예 중에 독실한 신자가 주인의 죽음을 애도하며 슬퍼하고 있었습니다. 그러자 사람들은 당신의 주인은 아마 하늘나라 좋은 곳으로 갔을 테니 너무 슬퍼하지 말라고 위로를 했습니다. 그러자 그 노예가 대답합니다.

> 아마 그렇지 않을 것입니다. 저희 주인께서는 여행을 가시든지 무슨 일을 하시든지 언제나 철저하게 잘 준비하는 사람이었습니다. 그런데 저희 주인께서는 삶을 위해서는 여러 가지 준비를 잘하셨지만 죽음을 위해선 어떠한 준비도 하지 않으셨습니다. 그 증거 가운데 하나가 바로 살아 있을 때 제가 아무리 예수의 복음을 전해도 받아들이지 않으신 것입니다.

우리는 모두 죽을 준비를 해야 합니다. 죽을 준비는 반드시 살아 있을 때 해야 하는데 물론 주변 정리도 필요하고 자신의 재산이나 물건의 정리도 필요합니다. 그러나 반드시 해야 하는 죽을 준비는 바로 '심판에 이르지 않기 위한 준비'입니다. 살아서 맞이하는 자기 노후 준비는 하면서, 죽어서 맞이하는 영생의 삶을 준비하지 않는 것은 정말 안타까운 모습입니다.

2022년 2월, 한동대 총장에서 이임한 장순흥 총장이라는 분이 있습니다. 서울대학교에서 핵공학을 전공하고 미국 MIT에서 석·박사 그리고 카이스트에서 교수로 30년을 재직하다 2014년부터 한동대 총장이 되었습니다. 학창시절 열심히 공부하다 보니 좋은 성적도 얻게 되었고 큰 문제도 없었습니다.

그런데 갑자기 '인생이 무엇일까?'

이런 의문이 생겨나기 시작했습니다.

'아무리 공부를 잘 해도, 그리고 아무리 잘 살아도 결국은 죽음 앞에 서게 되는구나.'

이런 사실을 깨닫고 갑자기 허무감이 밀려오게 되었고, 절망감까지 따라왔습니다. 아무리 성공적인 삶을 살아도 그리고 훌륭한 삶을 살아도 자기에게 주어진 인생의 결말은 딱 한 가지였습니다. 열심히 산 결과가 죽음이라는 것에 그는 절망했고 우울증까지 찾아오게 되었습니다. 열심히 살아야 할 이유가 없어진 것입니다.

그러다 톨스토이의 『참회록』을 읽다가 한 이야기에서 자신의 모습을 보게 되었습니다. 사자에 쫓기던 사람이 우물 속으로 피하지만 우물 속에는 커다란 뱀이 입을 벌리고 있었고, 그 사람은 다시 우물 바닥으로 떨어지지 않으려고 겨우 관목 나뭇가지를 잡고 매달렸는데, 쥐가 와서 그 나무를 갉아 먹고 있는 상황에서 나뭇잎 끝에서 떨어지는 꿀을 먹으며 순간의 달콤함을 즐기는 자기 모습을 보게 된 것입니다. 죽음 앞에서 아무런 의미도 그리고 아무런 도움도 되지 않는 일시적인 시원함과 달콤함에 빠져 살아가는 자기 모습에 또다시 절망감을 느꼈습니다. 시간이 흐를수록 우울증은 점점 더 심해졌습니다.

'이래서는 안 되겠다. 어떻게든 살아야겠다'라는 생각이 들어 그는 스스로 교회를 찾아갔습니다. 살기 위한 마지막 몸부림이었는데 교회에 들어서자마자 그의 눈에 들어온 말씀이 있었습니다.

> 하나님이 세상을 이처럼 사랑하사 독생자를 주셨으니 이는 그를 믿는 자마다 멸망하지 않고 영생을 얻게 하려 하심이라(요 3:16).

그는 마치 자석에 고정된 듯 오랫동안 그 구절을 읽고 또 읽었습니다. 집에 돌아와서도 계속 그 말씀만 들여다보았습니다. "믿는 자마다 멸망하지 않고 영생을 얻게 하려 하심이라"는 말씀이 자꾸만 머릿속을 맴돌았고 이내 가슴이 뜨거워지는 것을 느꼈습니다.

이후 오랜 시간 깊은 묵상으로 이어졌고 이 말씀을 통해 마침내 '믿음'이 죽음의 문제를 해결하는 유일한 방법이라는 것을 깨닫게 됩니다. 그리고 예수님을 믿음으로 멸망에 이르지 않고 영생을 얻는다면 무슨 일이 있어도 그 길을 가겠다는 결심을 하게 됩니다.

그러자 신기하게도 그동안 자신을 지배하고 있던 허무주의와 우울증이 안개가 걷히듯 사라졌고 다시 열심히 자기 삶을 살아갈 수 있는 원동력을 얻게 되었다고 고백했습니다.

예수님을 구주로 믿고 또한 주님을 주인으로 받아들이는 것이야말로 죽을 준비를 제대로 하며 사는 인생입니다. 죽음이 가져다주는 두려움에 빠져 시간을 낭비하고 허비하지 않고 믿음으로 죽을 준비를 해야 합니다. 그럴 때 우리는 주님 앞에 설 준비가 되는 것입니다.

나(죽음)를 만난 이후 가야 할 천국에 대한 소망이 있는가?

죽음은 우리에게 마지막 질문을 던집니다.
"천국에 대한 소망이 있는가?"

만약 누군가가 여러분들에게 "당신은 꼭 천국에 갈 것입니다"라고 말하면 우리는 모두 좋아하며 "아멘!"이라고 화답할 것입니다. 그러나 만약 누군가가 "지금 당장 당신이 천국에 가기를 원합니다"라고 말을 하면 우리는 당황스러워하고, 또한 불쾌하게 생각할 것입니다. 아니 불쾌함을 넘어 그 말이 '저주'라고 생각할 것입니다.

왜냐하면, 지금 당장 천국에 가라고 하는 것은 '지금 당장 죽어라'는 말과 동일하기 때문입니다. 그런데 천국 가는 것은 좋지만 지금 당장 천국에 가는 것을 받아들이지 않는다면, 그것은 바로 이런 문제가 있는 것입니다.

첫째, 이 땅의 삶에 대한 갈망이 더 큽니다.
둘째, 여전히 죽음에 대한 두려움을 가지고 있습니다.
셋째, 천국에 대해 오해를 하고 있습니다.
넷째, 천국을 죽음 이후에 가게 되는 도피처 즉, 지옥은 가기 싫으므로 선택하게 되는 도피처 정도로 생각합니다.

> 이와 같이 그리스도도 많은 사람의 죄를 담당하시려고 단번에 드리신 바 되셨고 구원에 이르게 하기 위하여 죄와 상관 없이 자기를 바라는 자들에게 두 번째 나타나시리라 (히 9:28).

천국을 맛보는 삶

천국은 예수님이 우리의 죄를 담당하심으로 인해 구원받은 하나님의 백성들이 들어가는 곳입니다. 천국을 다른 말로 '하나님의 나라'라고 부릅니다. 왜냐하면, 하나님의 백성이 살아가고 하나님이 왕이 되셔서 하나님의 통치와 다스림을 영원히 경험하는 곳이기 때문입니다.

그런데 천국은 꼭 죽어서만 가는 곳이 아닙니다. 우리가 주님을 영접하는 순간부터 우리는 하나님의 백성이 되고 하늘나라의 삶을 살기 시작해야 하기 때문입니다.

> 그러나 내가 하나님의 성령을 힘입어 귀신을 쫓아내는 것이면 하나님의 나라가 이미 너희에게 임하였느니라(마 12:28).

예수님이 내 안에 들어오셔서 왕과 주인이 되시면 우리 안에 하나님 나라가 임한 것입니다. 물론 완전한 하나님의 나라는 아직 임한 것은 아니지만 충분히 하나님의 나라를 맛볼 수 있게 됩니다. 그렇게 우리는 이 땅에서 천국의 삶을 맛보다가 결국 영원하고 완전한 천국으로 가게 되는 것입니다.

짐 심발라 목사님은 우리에게 이런 질문을 합니다.

"우리가 이 땅에서 하나님의 임재를 경험하려고 애쓰지 않는다면 왜 천국에 가려 하는가?"

이 땅에서도 하나님의 임재를 사모하지 않는 자가 매일 하나님의 임재를 즐거워하고 경험하는 천국에 가려고 할 이유가 없다는 말입니다. 다시 말해, 지금 이곳에서 하나님의 임재를 즐거워하지 않는다면 천국은 우리에게 천국이 아니라 어떻게 보면 죽음 이후에 가게 될 새로운 도피처밖에 되지 않는 것입니다. 그렇기에 천국에 대한 갈망이 없는 것입니다.

이렇게 생각해 보십시오. 어떤 남녀가 온라인상에서 만나 사랑에 빠지게 되었습니다. 화상 통화로 얼굴도 보고, 전화로 음성도 듣고, 카카오톡이나 문자를 통해 수시로 대화를 나누면서 뜨겁게 사랑을 하게 됩니다. 그러나 아직까지 한 번도 직접 만나지는 못했습니다. 늘 서로를 그리워합니다. 만날 날을 고대합니다.

그러다가 드디어 서로를 직접 만나는 날이 정해졌습니다. 만나는 날이 다가올수록 가슴이 뛰고 기다려지고 흥분되고 잠을 이루지 못합니다. 어쩌면 천국에 대한 갈망이 바로 이러해야 합니다. 이것이 우리가 기다리는 천국입니다.

왜냐하면, 우리는 이 땅에서 천국을 맛보았기 때문에 하나님이 통치하시는 영원한 하나님 나라를 사모하고 갈망하게 되는 것입니다.

이 땅에서 천국을 맛보기로 맛보아도 이렇게 좋고 행복한데 영원한 하나님의 나라에서 하나님을 만나고 그분의 통치와 다스림 안에 살아가는 것이 얼마나 기대되고 기다리겠습니까?

예수님을 진짜 믿고 있다는 증거 가운데 하나가 어떻게 보면 이 땅에서 천국을 누리며 살아가고 있는가?

그리고 영원한 천국을 제대로 갈망하며 살아가는지를 보면 알 수 있습니다. 죽음이 던지는 인생 질문 앞에 서십시오.

당신은 죽음을 어떻게 정의하십니까?
죽을 준비가 되셨습니까?
천국을 이 땅에서 맛보고 사십니까?
영원한 천국에 대한 제대로 된 소망이 있으십니까?

크리스천인 우리는 매일 이러한 죽음이 던지는 인생 질문 앞에 나 자신을 서게 해야 합니다. 그럴 때 우리는 지금이라도 주님의 부르심에 순종하고 주님 앞에 나갈 수 있습니다.
당신의 죽음을 준비하십시오!

제7장

1인칭 죽음

오늘은 나, 내일은 너

한 사냥꾼이 있었습니다. 그는 독수리를 잡으려고 화살을 겨누고 있었지만, 그 독수리는 자신이 죽을 줄도 모르고 어딘가를 계속 노려보고 있었습니다. 자세히 봤더니 독수리는 뱀을 잡아먹으려고 그 뱀을 쳐다보느라 사냥꾼을 전혀 의식하지 못하고 있었습니다.

그런데 뱀도 마찬가지로 어딘가를 응시하고 있었는데 그것은 개구리를 잡아먹으려 도무지 독수리를 인식하지 못하고 있었습니다. 개구리도 마찬가지로 무당벌레를 잡아먹으려고 미동도 하지 않은 채 노려보고 있었습니다. 그런데 무당벌레도 꿈쩍 않고 있었습니다. 무당벌레는 진딧물에 정신이 팔려 개구리를 전혀 의식하지 못하고 있었던 것입니다.

사냥꾼은 이러한 먹이 사슬을 보다가 슬그머니 활을 내려놓고 갑자기 자기 뒤를 돌아보았습니다.

혹 누군가가 자신을 그렇게 잡아먹으려는 것은 아닌가?

이런 생각이 들었기 때문입니다. 우리도 때로는 자신이 원하는 어떤 것에 정신이 팔려서 정작 자기 자기 죽음을 예측하지 못하며 살아가는 것 같습니다. 그래서 눈앞에 있는 죽음을 보지 못하고 눈에 보이는 세상의 욕심과 이익을 좇아 살아가는 것입니다.

그래서 대구에 가면 천주교대구대교구청의 묘지 양쪽 입구에 이런 글귀를 라틴어로 써 놓았다고 합니다.

"오늘은 나, 내일은 너"

어떻게 보면 공동묘지에 묻힌 죽음이 살아 있는 자들에게 던지는 메시지입니다. 오늘은 내가 여기 공동묘지에 죽어 누워 있지만, 내일은 당신 차례라는 의미입니다.

이어령의 마지막 수업

얼마 전 세상을 떠난 시대의 지성이라고 불렸던 이어령 박사는 『이어령의 마지막 수업』이라는 책을 통해 '타인의 죽음과 자기의 죽음'에 대해 이렇게 설명해줍니다. "타인의 죽음이 동물원 철창 속 호랑이"라면 "나 자신의 죽음은 철창을 나와 나에게 덤벼드는 호랑이"라고 말했습니다. 지금까지 우리는 죽음을 추상적이고 멀리 있는 존재로 여겼습니다.

그래서 죽음은 마치 '우리 안에 갇힌 사자, 철창 안에 갇힌 호랑이'에 불과하다고 생각했습니다. 죽음이 무섭고 두려운 것은 사실이지만 지금 당장 나에게는 영향을 미치지 못한다는 것입니다.

아무리 무서운 맹수라도 우리 안에 갇혀 있기 때문입니다. 그러나 코로나 시대를 맞이하면서 우리 안에 갇혀 있다고 생각했던 사자와 호랑이가 길거리로 뛰쳐나왔습니다. 그리고 죽음이라는 굶주린 맹수가 온 마을, 온 도시, 온 인류를 물어뜯기 시작했습니다.

우리 안에 호랑이가 갇혀 있을 때는 나는 상관없다고 생각하고 살았는데 거리로 뛰쳐나온 죽음이라는 호랑이에 대해서는 이제 언제 나를 덮칠지 알지 못하는 두려움에 사로잡혀 살아가게 됩니다. 그런 의미에서 코로나19 바이러스는 타인의 죽음이 아니라 1인칭 죽음, 즉 나의 죽음에 대해 다시 한번 생각하게 만드는 기회가 되었습니다.

죽음에 대한 인식 변화 5단계

그런데 1인칭의 죽음 즉, 나의 죽음의 문제를 대하기는 절대 쉽지 않습니다. 죽음 학자인 엘리자베스 퀴블러 로스 박사는 죽음을 앞둔 500여 명의 사람과의 인터뷰를 통해 발견한 죽음에 대한 환자의 심리 상태를 5단계(부정-분노-협상-우울-수용)로 설명했습니다.

1단계는 부정(Denial)의 단계입니다.

자신에게 주어진 죽음이라는 현실을 받아들이지 않는 것입니다.

'나에게는 그러한 일이 일어날 수 없다.'

'믿을 수 없다.'

'진단이 잘못되었을 거야.'

이런 생각을 하며 더 나은 진단과 치료를 기대하면서 여러 병원을 찾게 되며, 치료를 거부하기도 합니다.

2단계는 분노(Anger)의 단계입니다.

'왜 하필이면 나에게 이러한 일이 일어나게 되었는지'에 대해 분노를 표현하는 단계입니다. 이러한 분노의 대상은 자기 자신을 포함하여, 가족, 병원의 직원이나 의사, 하나님에게까지 나타날 수 있어 주변 사람들이 매우 힘든 시기를 보내게 됩니다.

3단계는 협상(Bargaining)의 단계입니다.

자기 죽음을 미루고 싶어서 하는 심리 상태가 하나님께 협상하게 만듭니다. 착하게 살겠다는 결심을 하거나 또 살려주시면 여생을 하나님을 위해 살아가겠다는 등 협상을 벌이게 됩니다.

4단계는 우울(Depression)의 단계입니다.

증상은 더욱 악화하여 몸이 쇠약해지면서 환자는 더 이상 자신의 병을 부인하지 못하게 되고, 극도의 상실감과 우울증에 빠지게 되는 단계입니다. 자기 자신에 대한 걱정과 남아있는 가족에 대한 걱정이 환자 자신을 괴롭힙니다.

5단계는 수용(Acceptance)의 단계입니다.

이제는 자신의 운명에 더 이상 분노하거나 우울해 하지 않고 자신에게 주어진 상황을 받아들이고 담담하게 가족들과 지나간 감정들을 이야기하거나 사랑했던 사람들과의 추억을 이야기하며 시간을 보내게 됩니다.

우리나라에서 이와 같은 연구를 했던 학자들의 연구에 따르면 우리나라의 환자에게서는 퀴블러 로스가 구분한 5단계가 명확하게 구분되어 나타나기보다는 부정하면서 의심하거나, 부정하면서 수용을 하는 이중적인 심리 상태와 또한 죽음을 수용하지만, 끝까지 기적을 바라는 기대감을 포기하지 않거나 혹은 상황에 대해 수용하기보다 아예 포기해 버리는 심리 상태를 보이기도 한다는 것입니다.

다시 말해, 내 죽음의 문제는 어떤 공식에 따라 움직이는 것이 아니라 더 복잡하고 힘든 문제라는 것을 보여줍니다. 다시 말해, 다른 사람의 죽음은 전두엽 즉, 머리로 생각하는 죽음이지만 나의 죽음은 나의 척추 신경이 느끼는 죽음입니다. 이 말은 다른 사람들의 죽음에 대해서 우리는 누구보다 객관적이고 냉철하며 이성적으로 반응할 수 있다는 것입니다.

그러나 그 죽음의 문제가 내 문제가 될 때는 절대 객관적으로 될 수 없고 강력한 충격과 두려움 그리고 감정적이고 현실적인 반응이 나타나는 것이 자기 죽음에 대한 반응입니다. 여기서 중요한 것은 자신의 상황 즉, 죽음을 받아들이는 수용이 결국 자기 죽음을 제대로 마주하게 되는 기회가 됩니다.

돌아가는 인생

오늘 본문은 위대한 족장 가운데 한 사람인 야곱도 이제 죽음을 맞이해야 하는 순간을 맞이하게 됩니다. 그는 병들었고 또한 자기 죽음이 가까워져 왔음을 알게 됩니다.

> 그가 그들에게 명하여 이르되 내가 내 조상들에게로 돌아가리니 나를 헷 사람 에브론의 밭에 있는 굴에 우리 선조와 함께 장사하라 (창 49:29).

"내가 내 조상들에게로 돌아가리니"라는 말을 통해 야곱은 자신이 곧 죽게 된다는 것을 알고 있었습니다. 여기서 사용된 "돌아가다"라는 단어는 '죽음에 의해 모이다'는 뜻을 가지는데 '죽음 이후에 자기 조상들이 모이는 곳'이 있는데 자기는 그곳으로 돌아간다고 말하는 것입니다. 야곱은 죽음이 끝이 아니라 죽음 이후의 삶이 있다는 것을 알고 있었고 그것을 지금 준비하고 있음을 말하고 있습니다.

결국, 자기 죽음을 마주하게 될 때 스스로 무엇을 해야 하는지를 알게 되는 것입니다. 그런 의미에서 자기의 죽음을 마주하게 되는 자가 결국 진짜 삶을 살아가게 됩니다. 그런 의미에서 자기의 죽음 즉, 1인칭 죽음을 맞이하는 야곱이 보여 주는 삶을 통해 죽음을 마주한 자가 '해야 할 일 목록'(To do list)을 찾아볼 수 있습니다.

떠나는 자가 남겨야 할 말

> 야곱이 그 아들들을 불러 이르되 너희는 모이라 너희가 후일에 당할 일을 내가 너희에게 이르리라(창 49:1).

이제 곧 죽을 날이 가까이 왔음을 보았던 야곱은 자녀들에게 '후일에 당할 일'을 말하기 시작합니다. 이것은 각 아들에 대한 예언적인 메시지를 담고 있는데 남은 자녀들에게 하나님의 뜻을 전달하는 것이 떠나가는 자가 해야 할 '할 일 목록'이라는 것을 보여줍니다.

다시 말해, 죽음을 마주한 자가 해야 할 일은 하나님의 뜻을 남은 자들에게 전하는 것입니다. 죽음을 마주하는 자가 이 일을 반드시 해야 하는 이유는 죽음을 마주한 자가 가지는 강력하고 파괴력인 메시지 때문입니다. 살아 있을 때 하는 말은 살기 위해 하는 말이기에 과장이 들어가거나 때로는 자신의 필요와 이익을 위해 말할 수 있습니다. 그러나 죽음을 앞둔 자에게는 삶과 연관된 모든 필요가 사라졌기에 가장 진실하고 중요한 말을 남길 수 있습니다. 그래서 죽은 자가 남기는 말이 강력하고 파괴력이 있는 것입니다.

> 이들은 이스라엘의 열두 지파라 이와 같이 그들의 아버지가 그들에게 말하고 그들에게 축복하였으니 곧 그들 각 사람의 분량대로 축복하였더라 (창 49:28).

처음에는 야곱이 '후일에 당할 일'을 말하겠다고 했는데 이제는 '각 사람의 분량대로 축복하였다'고 말하고 있습니다. 여기서 사용된 '분량대로'라는 단어의 원어는 '축복'이라는 단어와 '따라서'라는 전치사가 합쳐진 단어입니다. 그래서 원어대로 이 부분을 읽게 되면 '각 사람에게 주시는 축복을 따라 축복했다'라는 의미가 됩니다.

이 축복을 전하는 사람은 죽음을 앞둔 야곱입니다. 각 사람에게 주시는 축복은 결국 하나님이 각 사람에게 주시는 것입니다. 즉, 하나님의 뜻을 야곱이 남아있는 각 아들에게 전했던 것입니다.

저주가 축복이 되는 이유

그런데 왜 그것이 축복이냐에 대한 의문이 생깁니다. 우리가 아는 '축복'이라는 단어는 '성공이나 번영, 형통이나 장수 같은 것을 비는 것'을 의미하는데 솔직히 창세기 49장에 나오는 축복에는 축복의 말과 약속의 말도 들어있지만, 한편으로는 축복이라기보다는 저주와 같은 말씀도 있고 또한 심판에 대한 말씀도 들어있습니다.

그런데 이것을 축복이라고 부르는 이유는 아마도 비록 당장에는 저주처럼 느껴지고 또한 하나님의 심판처럼 느껴지지만, 그 메시지를 통해 저주와 심판을 피하는 방법을 깨닫고 돌아서게 되면 하나님이 그들의 삶을 저주에서 축복으로, 심판에서 구원으로 이끄시겠다는 약속이 담겨 있기 때문입니다.

실제로 시므온과 레위는 야곱에게 저주 같은 축복을 받습니다. 왜냐하면, 이들이 창세기 34장에 누이 디나를 강간한 세겜과 그의 족속들에게 폭력적인 칼로 도륙하는 악취 나는 행동을 했기 때문입니다. 그로 인해 하나님은 야곱의 입을 통해 그들의 행위가 악함을 말씀하셨고 분노와 저주에 대한 말씀을 주셨습니다. 그러나 아버지 야곱의 메시지를 듣고 레위는 스스로 돌이키고 변화의 삶을 선택합니다.

그리고 신명기 33장에 나오는 모세의 축복에서 레위에게 진짜 축복의 말씀이 주어지게 됩니다. 그는 우림과 둠밈 즉, 하나님의 뜻을 분별하는 자가 될 것을 말씀하셨고, 시험을 통해 신실함이 입증되었다고 말씀하시며, 주의 법도와 율법을 가르치는 자로 세우실 것을 약속하십니다. 분명한 것은 레위 지파는 자신들의 저주를 축복으로 바꾸었고 하나님께 쓰임 받는 삶이 되었습니다.

> 레위에 대하여는 일렀으되 주의 둠밈과 우림이 주의 경건한 자에게 있도다 주께서 그를 맛사에서 시험하시고 므리바 물 가에서 그와 다투셨도다 그는 그의 부모에게 대하여 이르기를 내가 그들을 보지 못하였다 하며 그의 형제들을 인정하지 아니하며 그의 자녀를 알지 아니한 것은 주의 말씀을 준행하고 주의 언약을 지킴으로 말미암음이로다 주의 법도를 야곱에게, 주의 율법을 이스라엘에게 가르치며 주 앞에 분향하고 온전한 번제를 주의 제단 위에 드리리로다 여호와여 그의 재산을 풍족하게 하시고 그의 손의 일을 받으소서 그를 대적하여 일어나는 자와 미워하는 자의 허리를 꺾으사 다시 일어나지 못하게 하옵소서(신 33:8-11).

내가 남겨야 할 축복의 말

그런 의미에서 1인칭 죽음을 마주하는 자가 해야 할 우선적인 일은 '하나님의 뜻을 남은 자들에게 전하는 것'입니다. 다시 말해, 내게 주신 자들에게 축복의 말을 남겨야 합니다, 무차별적인 복을 빌어야 한다는 말이 아니라 '분량대로 축복'해야 한다는 뜻입니다.

다시 말해, 이 말은 다음과 같이 정리할 수 있습니다.

첫째, 자녀들을 과대평가하거나 혹은 부모의 과욕으로 축복하는 것이 아닙니다.

둘째, 현실을 외면한 채 허황 된 기대를 하고 축복해서는 안 됩니다.

셋째, '분량대로' 즉 있는 그대로를 판단하여 하나님의 뜻 안에서 현실을 보여 주어 그들의 미래를 준비하게 해야 합니다.

이 말은 1인칭 죽음을 마주하는 자들이 해야 하는 것은 내게 주신 자들을 향한 예언적인 축복을 준비하는 것입니다. 지금이 아니면 다시 기회가 없을 수 있기에 하나님의 뜻을 축복의 언어에 담아 전해야 합니다. 잘하는 자들은 더 잘하도록 격려하고, 부족한 자녀들은 더욱더 분발하도록 도와주고 잘못된 길에 서 있는 자들에게는 하나님의 경고와 심판의 메시지를 전해서라도 그들을 다시 바른길 위에 서도록 하는 것이 떠나가는 자가 감당해야 할 사명입니다. 그런데 많은 크리스천이 1인칭 죽음을 마주하지 않기 때문에 자신이 해야 할 사명을 감당하지 못하고 떠나가는 것입니다.

그러므로 내가 해야 할 축복의 말을 기도함으로 준비해야 합니다. 내게 주신 마지막 사명의 말을 위해 말로 혹은 글로 준비해야 합니다. 말로 전하는 것도 필요하지만 말은 시간이 지나면 사라지고 말기에, 글로 남기는 것이 더 효과적입니다. 두고두고 그 글을 보는 자녀의 마음에 메시지로 남기 때문입니다.

당장에는 비록 아프더라도 그 아픔이 잠자고 있는 자녀들의 영혼을 깨워서 레위처럼 다시 하나님의 길 위에 서게만 할 수 있다면 우리는 포기하지 말고 반드시 자녀들을 위한 축복의 말을 남겨야 합니다.

남은 자들을 위한 유언(遺言)

리더십 동기부여 전문가인 로빈 S. 샤르마가 쓴 책 제목 가운데 『내가 죽을 때 누가 울어 줄까?』하는 책이 있습니다.

그는 이렇게 말합니다.

> 네가 태어났을 때, 너는 울음을 터뜨렸지만 너를 지켜보는 모든 사람은 기뻐했단다. 그런데 네가 죽을 때는 많은 사람이 울겠지만, 그때 네 자신은 기뻐할 수 있도록 살아야 한다.

자신이 죽을 때 기뻐할 수 있는 삶은 자기 죽음을 준비한 자만이 할 수 있는 특권입니다.

> 그가 그들에게 명하여 이르되 내가 내 조상들에게로 돌아가리니 나를 헷 사람 에브론의 밭에 있는 굴에 우리 선조와 함께 장사하라 (창 49:29).

1인칭 죽음을 마주했던 야곱이 보여 주는 '할 일 목록' 가운데 하나는 죽기 전에 자녀들에게 유언을 남기는 것이었습니다. 화려하고 성대한 장례식이나 크고 좋은 묘지를 준비하라고 하는 것이 아닌 자신이 죽고 난 뒤에 장사해야 할 곳에 대해 자녀들에게 말하고 있는 것입니다.

'이곳'과 '그곳'

> 아브라함과 그의 아내 사라가 거기 장사되었고 이삭과 그의 아내 리브가도 거기 장사되었으며 나도 레아를 그 곳에 장사하였노라(창 49:31).

야곱은 3번이나 반복해서 '거기, 그곳'이라고 말하는데 원어로는 모두 같은 말입니다. 야곱의 생각 속에 지금 '그곳'에 대한 관심밖에 없음을 보여 줍니다. 그는 비록 '이곳'에 살고 있지만 늘 '그곳'을 바라보고 있었습니다. '지금'은 어쩔 수 없이 하나님의 계획을 따라 '이곳' 애굽 땅에 살고 있지만, 야곱은 자신이 반드시 돌아가야 할 '그곳'이 있음을 알고 '그곳'을 바라보며 살아가고 있었습니다. 그래서 죽기 전에 명하여 '그곳'에 장사해 줄 것을 부탁하는 것입니다.

이것은 1인칭 죽음 즉 자기의 죽음을 마주하는 자들이 반드시 기억해야 하는 핵심적인 부분입니다. 죽음 이후 돌아가야 할 그곳을 준비하는 삶이 필요합니다. 우리가 돌아가야 할 곳은 하나님의 나라 곧 천국입니다. 우리의 아버지가 계시는 곳으로 가기 위한 유일한 길은 오직 예수그리스도를 통해서라는 것을 기억하여 길이요 진리요 생명이신 예수님을 믿음으로 우리는 그곳에 돌아가기 위해 준비해야 합니다.

그리고 남아있는 자들에게 우리가 돌아갈 '그곳'에 대해 반드시 들려주고, 또한 알려 주어야 합니다. 다시 말해, 우리의 인생이 죽음으로 끝나는 것이 아니라 죽음 이후에 영원한 생명의 나라가 있고, 나는 지금 '이곳'을 떠나 '그곳'에 가려고 한다는 것을 들려주어야 합니다. 그래야 남아있는 자들이 우리가 가는 곳을 듣고 안심하게 되고 또한, 그들도 우리가 가는 '그곳' 즉 하늘나라에 대한 소망을 품고 살아가게 되는 것입니다.

남은 자들을 위한 유지(遺志)

1인칭 죽음을 마주하는 자가 해야 하는 마지막 '할 일 목록'은 '유지'(遺志)를 남기는 것입니다. 유지(遺志)란 죽은 사람이 생전에 남긴 뜻을 의미합니다. 야곱은 자신이 죽고 난 이후 가나안 땅에 장사 지내달라는 유언을 남깁니다. 그런데 그 말속에는 자신이 전하고자 하는 유지(遺志)가 들어있었습니다.

> 이 굴은 가나안 땅 마므레 앞 막벨라 밭에 있는 것이라 아브라함이 헷 사람 에브론에게서 밭과 함께 사서 그의 매장지를 삼았으므로 아브라함과 그의 아내 사라가 거기 장사되었고 이삭과 그의 아내 리브가도 거기 장사되었으며 나도 레아를 그 곳에 장사하였노라 (창 49:30-31).

막벨라 굴은 자신의 조상 아브라함이 그 밭을 사서 매장지로 삼은 곳이라는 '소유권'에 대한 부분을 분명히 알려줍니다. 그리고 이미 아브라함과 사라, 이삭과 리브가 그리고 자기 아내 레아도 그곳에 장사되어 있기에 야곱 자신도 그곳으로 가는 것이라고 들려줍니다. 이 말의 의미는 '그곳'은 '연속적으로 소유해야 하는 장소'라는 것을 알려 주는 것입니다.

할아버지 아브라함과 아버지 이삭 그리고 자신과 자신의 자손들이

대대로 그곳으로 가야 한다는 것을 암묵적으로 말하고 있는 것입니다. 그래서 야곱의 자녀들과 그 자손들도 반드시 '그곳'으로 다시 돌아가야 한다는 뜻을 마음속에 심어주고 있는 것입니다.

대를 이어 전해 주는 유지(遺志)

그 유지를 받았던 야곱의 실질적인 장자였던 요셉은 창세기 50장에서 자기 죽음을 마주하게 되었을 때 그의 자손들에게 '하나님이 나중에 너희를 애굽에서 인도하여 내셔서 아브라함과 이삭과 야곱에게 맹세하신 땅 가나안 땅으로 가게 될 때 자신의 해골을 가지고 가 달라'는 맹세를 하게 합니다. 그리고 수백 년의 시간이 지난 이후 출애굽 하는 이스라엘 백성의 손에 요셉의 유골이 들려있게 됩니다.

> 모세가 요셉의 유골을 가졌으니 이는 요셉이 이스라엘 자손으로 단단히 맹세하게 하여 이르기를 하나님이 반드시 너희를 찾아오시리니 너희는 내 유골을 여기서 가지고 나가라 하였음이더라 (출 13:19).

야곱의 유지(遺志)가 요셉에게 그리고 그 자녀들에게 대를 이어 전달되고 있음을 보게 됩니다. 이것이 죽은 자가 남기는 유지(遺志)의 힘입니다. 죽은 자가 남기는 뜻이기에 시간이 지나도 기억되고 지켜지게 되는 것입니다.

그러므로 1인칭 죽음 즉, 나의 죽음을 마주하는 자들은 그때부터 진짜 삶을 시작할 수 있습니다. 자기 죽음을 마주하지 않고 살아가는 삶은 결국 세상에 있는 뜬구름을 잡으며 살아가는 것이며 자신의 욕심과 목적을 따라 살아가는 삶이 되고 말 것입니다.

그러나 자기 죽음을 마주하게 될 때 우리는 진짜 삶이 무엇인지를 알게 되고 무엇을 하며 어떻게 살아가야 하는지도 알게 됩니다.

1인칭 죽음을 준비하는 우리는 이제 하나님을 위해 그리고 자기 자신을 위해 그리고 남아있는 사람들을 위해 무엇을 해야 하는지를 돌아보아야 합니다.

내게 주신 자들에게 축복의 말을 통해 하나님의 뜻을 전달하고, 또한, 내가 가야 할 그곳에 대해 준비하고 유언(遺言)을 통해 분명하게 밝혀 주어야 하고, 그리고 남아있는 자들에게 유지(遺志)를 통해 영적 신앙 유산을 남겨주어야 합니다.

골든 타임(Golden Time) 메시지

언젠가 다가올 우리의 죽음을 기회로 우리가 세상에 전할 마지막 메시지를 준비해야 합니다. 축복의 말과 유언(遺言)과 유지(遺志)는 우리가 세상에 남아있는 자들에게 전하는 골든 타임 메시지입니다. 그때를 놓치면 다시 기회가 오지 않기 때문입니다. 그렇기에 말보다는 글로 그리고 남아있는 자들이 두고두고 읽고 되새길 수 있는 메시지로 남겨주는 것이 필요합니다.

기도로 준비한 그 메시지가 언젠가 남아있는 자들의 마음을 움직여서 다시 하나님 앞에 돌아오게 할 수도 있습니다. 그러므로 내게 주신 마지막 사명인 축복의 말과 유언과 유지를 기도로 잘 준비하여 남기는 성도가 됩시다.

제8장

2인칭 죽음

2021년 9월에 개봉한 테오도어 멜피 감독의 신작 <릴리와 찌르레기>(The Starling)는 상실의 슬픔을 안고 사는 한 부부의 이야기를 다룹니다. 영화의 시작 부분 잭과 릴리 부부는 새로 태어날 아기의 방을 꾸미며 즐거워합니다. 그러나 갑자기 시간이 흘러 무기력하게 마트에서 일하는 릴리와 정신 병원에 입원한 남편 잭을 보여 줍니다.

두 사람 사이에 생각지 못한 문제가 발생했기 때문입니다. 그것은 딸 케이티가 '유아돌연사증후군'(Sudden Infant Death Syndrome, SIDS)으로 갑자기 세상을 떠나게 되면서 남편인 잭은 딸을 잃은 슬픔을 이기지 못해 자살을 시도하다 정신 병원에 입원하게 됩니다. 그러나 아내인 릴리는 슬픔을 가슴에 묻고 아무 일도 없었던 것처럼 살아가려고 합니다.

릴리는 화요일마다 한 번도 빠지지 않고 두 시간 넘는 거리에 있는 남편이 입원한 병원을 찾아가 만나지만 두 사람의 사이는 점점 더 냉랭해지기만 합니다. 잭은 슬픔에 깊이 몰입되어 자신을 잃어버린 상태가 되었고, 릴리는 슬픔을 가슴에 묻고 아무 일도 없는 것처럼 살려고 하는 것입니다. 슬픔에 몰입되어 자신을 잃어버리는 삶도 그리고 슬픔이 없는 것처럼 자신을 속이며 살아가는 것도 온전한 문제 해결은 되지 못합니다.

그러다가 릴리가 자신의 삶을 다시 정리하고 새롭게 시작하려고 내버려 두었던 아이의 방을 치우고 딸의 모든 소지품을 처분합니다. 그리고 정원에 새로운 화초를 심고 가꾸면서 변화를 추구하려고 하는데 그때 마당 한가운데 둥지를 튼 찌르레기 한 쌍을 보게 됩니다. 그들을 쫓아내려는 릴리와 강력하게 저항하며 공격하는 찌르레기 숫새를 만나게 됩니다.

정원 일을 할 때마다 자꾸만 공격하는 찌르레기에게 화를 참지 못한 릴리는 돌을 던지게 되는데 그 돌을 맞고 피투성이가 된 찌르레기를 보게 됩니다. 제정신으로 돌아온 릴리는 피투성이의 찌르레기를 정성껏 간호하고 보살피면서 릴리는 자기 자신도 돌보게 되고 마음의 안정과 치유를 경험하게 됩니다. 그러한 과정을 통해 남편 잭과의 관계도 조금씩 회복되기 시작하고 더 이상 슬픔을 가슴에 담지 않고 솔직하게 남편에게 표현하면서 서로의 슬픔을 조금씩 이해하게 됩니다.

2인칭 죽음의 고통

사랑하는 사람의 죽음과 상실만큼 우리의 삶을 힘들게 하는 것은 없습니다. 그래서 1,2,3인칭의 죽음가운데 가장 힘든 죽음이 바로 2인칭 죽음이라고 말하는 것입니다. 일반적으로 3인칭 죽음은 나와 무관한 '그들의 죽음'입니다. 텔레비전을 통해 어디에서 사고가 나서 몇 명이 죽었다고 보도가 나올 때 우리는 안타까움을 느끼지만 그들의 죽음에 대해 고통을 느끼지는 않습니다.

왜냐하면, 나와 상관없는 그들의 죽음이기 때문입니다. 1인칭 죽음은 나의 죽음인데 이 또한 별로 고통스럽지 않습니다. 왜냐하면, 죽고 나면 고통을 느낄 수 없기 때문입니다. 그러나 2인칭 죽음은 가장 가까운 곳에서 그리고 가장 사랑하는 사람의 죽음을 바라보아야 하기에 가장 아프고 고통스럽습니다.

오늘 다윗이 맞이하게 되는 죽음이 바로 2인칭 죽음 즉 자신이 사랑하는 아들의 죽음을 맞이하게 되는 것입니다. 사무엘하 12장 15절 다윗과 우리아의 아내 밧세바 사이에서 아이가 태어납니다. 그런데 욕망과 죄악으로 태어난 아이를 하나님이 기뻐하지 않으십니다. 그래서 그 아이를 하나님이 치셔서 아이가 '심히 앓게' 됩니다.

여기서 사용된 '앓다'는 단어는 '병들다'는 단어인데 성경에서 '고칠 수 없는 그리고 지독하게 악한' 질병을 의미하는 데 사람의 힘으로는 절대 고칠 수 없는 질병을 의미합니다. 다윗은 아이의 질병의 문제가 아이의 죄로 인한 것이 아니라 자기 죄악으로 인한 것임을 알고 더 큰 고통과 죄책감, 그리고 후회와 안타까움의 감정을 가지게 됩니다. 그래서 그는 왕으로서 그가 할 수 있는 세상의 방법과 세상의 의학에 기대지 않고 오직 하나님 앞에 나갔고 하나님의 긍휼을 구했습니다.

> 다윗이 그 아이를 위하여 하나님께 간구하되 다윗이 금식하고 안에 들어가서 밤새도록 땅에 엎드렸으니(삼하 12:16).

> 그의 신하들이 그에게 이르되 아이가 살았을 때에는 그를 위하여 금식하고 우시더니 죽은 후에는 일어나서 잡수시니 이 일이 어찌 됨이니이까 하니 (삼하 12:21).

다윗은 아이를 위하여 금식하고 밤새도록 땅에 엎드립니다. 또한, 신하들의 말처럼 다윗은 금식하고 울었습니다. 여기서 말하는 울음은 '통곡하는 것'인데 그는 금식하고 통곡하며 하나님의 긍휼을 구했던 것입니다. 다윗의 입장에서 절박하고 간절한 문제였습니다. 다른 어떤 일도 할 수 없었습니다. 오직 이 문제에만 매달리면서 하나님의 도우심을 구했습니다. 그도 한 사람의 부모였기에 자신으로 인해 자기 자식이 죽어 가는 것을 도저히 볼 수 없었던 것입니다.

그러나 안타깝게도 아이는 이레 만에 죽습니다. 아이가 반드시 죽으리라는 하나님의 말씀이 그대로 이루어졌고 하나님이 다윗에게 긍휼을 베풀지 않으셨습니다.

> 이레 만에 그 아이가 죽으니라 그러나 다윗의 신하들이 아이가 죽은 것을 왕에게 아뢰기를 두려워하니 이는 그들이 말하기를 아이가 살았을 때에 우리가 그에게 말하여도 왕이 그 말을 듣지 아니하셨나니 어떻게 그 아이가 죽은 것을 그에게 아뢸 수 있으랴 왕이 상심하시리로다 함이라 (삼하 12:18).

아이가 죽게 되자 다윗의 신하들은 아이가 죽은 것을 왕에게 말하는 것을 두려워했습니다. 왕의 상심이 클 것으로 생각했기 때문입니다. 여기서 쓰인 '상심'이라는 단어의 히브리 원어는 '악한, 나쁜, 해로운'이라는 의미가 있는데 다윗이 자기 아들의 죽음에 대한 충격으로 '자기 자신에게 해를 가하거나, 혹은 자기 몸을 자해하면서 괴로워할 것이라'고 아마도 신하들은 생각했던 것 같습니다.

2인칭 죽음에 대한 반응

일반적으로 2인칭 죽음을 맞이할 때 사람들은 세 가지 반응을 보이게 됩니다.

첫째, 슬픔으로 인해 자신의 일상을 파괴합니다.
슬픔에 몰입되어 버리기 때문입니다.
둘째, 슬픔으로 인해 자기 자신을 괴롭게 하는 것입니다.
모든 책임이 자신에게 있다는 죄책감과 슬픔으로 인해 극도의 절망과 우울함에 빠지게 되고 심지어는 자해를 하거나 자살로 이어지는 예도 있습니다.
셋째, 마지막으로 하나님께 열심히 도움을 구하고 살려달라고 간구하는 데 하나님이 응답하지 않았을 때 그것에 분노하고 원망하며 '하나님이 없다. 하나님이 살아 계시지 않다'고 단정해버리고 하나님을 떠나버리는 일이 일어나게 됩니다.

여러분들은 지금까지 2인칭 죽음을 맞이할 때 어떤 반응을 보이셨습니까?

『레 미제라블』의 작가 빅토르 위고는 젊은 나이부터 인기와 명성을 얻게 되면서 많은 돈도 벌게 되었습니다. 그로 인해 그의 삶은 탐욕과 타락한 삶으로 변질되었고, 특히 술을 마시고 나면 주벽이 있어서 가족들을 괴롭혔고 힘들게 했습니다.

그러던 어느 날 여름, 자신이 사랑했던 딸이 물에 빠져 죽는 사고를 맞이하게 되었습니다. 사랑하는 딸의 2인칭 죽음 앞에 그는 절규합니다. 그리고 '이 비극은 하나님이 자신에게 주신 심판이고 딸이 죽은 것이 아니라 내가 죽은 것이다'라고 생각합니다. 딸의 죽음을 통해 그의 삶은 새롭게 태어날 것을 결심하고 새 마음으로 글을 써 내려가기 시작했습니다.

그 소설의 제목이 바로 『레 미제라블』입니다. 사회에서 범죄자로 몰려 자신의 인생을 저주하며 불우하게 살아가던 장발장이 변화되어 깨끗한 사람으로 되어가는 과정을 통해 자신의 변화된 삶을 보여 주려고 했던 것입니다. 사랑하는 사람을 떠나보내는 과정을 통해 자신의 삶을 돌이킴으로 새로운 삶을 시작했던 위고는 2인칭 죽음 앞에 우리의 삶의 자세에 대한 좋은 모범이 됩니다.

다윗은 자기 신하들이 수군거리는 것을 보고 아이가 죽은 것을 깨닫게 됩니다.

그리고 이렇게 묻습니다.

'아이가 죽었느냐?'

그리고 그 사실을 확인하고 난 이후 다윗의 행동을 주목해 보십시오.

다윗의 2인칭 죽음

> 다윗이 땅에서 일어나 몸을 씻고 기름을 바르고 의복을 갈아입고 여호와의 전에 들어가서 경배하고 왕궁으로 돌아와 명령하여 음식을 그 앞에 차리게 하고 먹은지라 (삼하 12:20).

우리는 여기서 다윗이 보여 주는 2인칭 죽음에 대한 삶의 자세를 보게 됩니다.

첫째, 일어나 몸을 씻고 기름을 바르고 의복을 갈아입었습니다. 이것은 더 이상 슬픔에 묶이지 않고 멈추었던 자신의 일상을 다시 시작한다는 것을 보여 줍니다. 물론 죽음이 고통스럽고 힘든 과정이 분명히 맞지만 우리는 반드시 빠르게 우리의 무너진 일상을 회복해야 합니다.

둘째, 다윗은 여호와의 전에 들어가 엎드립니다. 앞선 11장과 12장을 살펴보면 다윗이 머물렀던 장소는 왕으로서 자신의 절대 권력과 힘을 휘두르는 장소인 왕궁 안에만 머물렀습니다. 왕궁 안에서 밧세바를 취하여 범죄 했고, 아이를 임신했다고 하자 우리아를 불러 범죄를 무마하려고 했습니다.

또한, 왕궁 안에서 요압에게 우리아를 죽이라는 편지를 우리아의 손에 들려 보냈고, 그리고 우리아가 죽고 난 이후 밧세바를 취하여 아내로 삼는 것까지 모든 것이 다 왕궁 안에서 일어난 일이었습니다.

그런데 나단을 통해 자신의 죄를 깨닫고 난 이후 다윗은 왕궁 안에서 하나님께 엎드립니다. 그리고 아들의 죽음을 맞이하게 될 때 그는 왕궁을 떠나 여호와의 전으로 들어가서 이제는 여호와의 전에서 하나님께 엎드립니다. 비록 하나님이 그에게 긍휼을 베풀어 주시지 않았지만, 그가 여호와의 전에 들어가 엎드렸다는 것은 다시 하나님이 왕이 되시고 하나님 중심의 삶을 살겠다는 결단입니다.

셋째, 그리고 다윗은 하나님의 공의와 주권에 순종함을 보입니다.

> 그의 신하들이 그에게 이르되 아이가 살았을 때에는 그를 위하여 금식하고 우시더니 죽은 후에는 일어나서 잡수시니 이 일이 어찌 됨이니이까 하니 이르되 아이가 살았을 때에 내가 금식하고 운 것은 혹시 여호와께서 나를 불쌍히 여기사 아이를 살려 주실는지 누가 알까 생각함이거니와 지금은 죽었으니 내가 어찌 금식하랴 내가 다시 돌아오게 할 수 있느냐 나는 그에게로 가려니와 그는 내게로 돌아오지 아니하리라 하니라 (삼하 12:21-23).

신하들이 아이가 죽었는데 어떻게 죽기 전과 완전히 다르게 행동하느냐는 질문에 이렇게 대답합니다.

"지금은 아이가 죽었으니 내가 어찌 금식하랴?

내가 다시 돌아오게 할 수 있느냐?"

여기에는 하나님의 공의와 주권 앞에 순종하겠다는 결심을 드러내고 있는 것입니다.

넷째, 슬픔 당한 이들을 위로합니다.

> 다윗이 그의 아내 밧세바를 위로하고 그에게 들어가 그와 동침하였더니 그가 아들을 낳으매 그의 이름을 솔로몬이라 하니라 여호와께서 그를 사랑하사(삼하 12:24).

다윗은 아이가 병들자 자신의 슬픔에만 빠져 있다 보니 주변을 돌아보지 못했습니다. 그러나 아이가 죽고 난 이후 다윗은 주변을 돌아보며 자신보다 더 슬픔을 당하고 있는 아내 밧세바를 위로합니다. 어떻게 보면 지금 가장 힘들고 고통스러운 사람이 바로 밧세바이기 때문입니다.

2인칭 죽음을 맞이할 때 나의 슬픔도 물론 아프고 힘들지만, 주변을 돌아보며 슬픔 당한 자를 위로할 수 있어야 합니다. 이것이 다윗이 2인칭 죽음 앞에 보인 반응입니다.

하나님의 주권 앞에 반응

물론 살아 있을 때는 하나님의 긍휼을 구하기 위해 통곡하고 금식하고 간절하게 하나님께 매달렸습니다. 그러나 하나님이 데리고 가셨을 때는 그는 하나님의 공의와 주권 앞에 순종하였습니다. 슬픔과 괴로움의 감정을 드러내지 않습니다.

또한, 절망과 분노도 드러내지 않습니다. 정말 조심해야 할 것은 하나님이 주권적으로 행하신 일에 자신의 감정을 드러내거나 절망과 분노를 드러내는 것입니다. 비록 내 생각과 다르게 하나님이 역사하셨을지라도 반드시 하나님의 선한 계획이 있음을 믿고 받아들여야 합니다. 하나님의 주권적인 일 하심에 도전하는 삶을 살아서는 안 됩니다.

우리가 잘 아는 고난의 사람 욥도 2인칭 죽음을 맞이하였습니다. 하루아침에 자기 자녀 열 명이 한꺼번에 죽음을 맞이한 것은 그에게 지울 수 없는 충격이었고 고통이었을 것입니다.

그러나 2인칭 죽음 앞에 욥의 반응은 달랐습니다.

> 이르되 내가 모태에서 알몸으로 나왔사온즉 또한 알몸이 그리로 돌아가올지라 주신 이도 여호와시요 거두신 이도 여호와시오니 여호와의 이름이 찬송을 받으실지니이다 하고(욥 1:21-22).

욥은 고통스럽고 힘든 2인칭 죽음의 현장에서 하나님의 주권 앞에 순종했고 여호와의 이름을 찬송하는 성숙함을 보입니다. 그리고 모든 일에 범죄 하지 않았고 하나님을 향하여 원망하지 않았습니다. 이것이 2인칭 죽음 앞에 우리가 배워야 할 믿음의 자세입니다.

성경은 반복해서 2인칭 죽음에 대한 우리의 반응을 강조하고 있습니다. 사랑하는 누군가의 죽음이 고통스럽고 힘든 시간은 분명히 맞지만, 그 시간은 어떻게 보면 하나님에 대한 우리의 믿음과 신뢰를 보여 드리는 시간이기도 합니다. 2인칭 죽음은 누군가의 삶에 대한 하나님의 주권적인 멈춤입니다.

그러나 그것이 나의 삶의 멈춤으로 이어져서는 안 됩니다. 왜냐하면, 우리는 여전히 하나님이 주신 삶의 자리를 살아가야 하고 여전히 하나님이 우리의 삶에 부으시는 긍휼과 은혜가 있기 때문입니다. 그래서 2인칭 죽음으로 자신의 일상을 망가뜨리고 또한 자신을 괴롭히며 죽음에 함몰되어 살아가는 삶을 하나님이 기뻐하지 않으십니다.

은혜의 2인칭 죽음

2인칭 죽음 이후 다윗이 하나님의 주권 앞에 순종하고 믿음으로 반응하게 되자 하나님이 그의 삶에 세 가지 은혜를 베풀어주십니다.

> 나단이 자기 집으로 돌아가니라 우리아의 아내가 다윗에게 낳은 아이를 여호와께서 치시매 심히 앓는지라(삼하 12:15).

> 다윗이 그의 아내 밧세바를 위로하고 그에게 들어가 그와 동침하였더니 그가 아들을 낳으매 그의 이름을 솔로몬이라 하니라 여호와께서 그를 사랑하사(삼하 12:24).

첫째, 그가 밧세바에게로 가서 위로하는데 여기서부터 성경은 밧세바에 대한 호칭을 바꾸어줍니다. 그전까지만 해도 밧세바를 '우리아의 아내(15절)'로 표기했는데 아이의 죽음 이후 성경은 밧세바를 '다윗의 아내 밧세바'로 기록하고 있습니다.

다시 말해, 아이의 죽음이라는 죄의 대가를 치르고 나자 하나님이 밧세바를 '다윗의 아내'로 받아 주시는 '받아들임의 은혜'가 임하게 됩니다. 다시 말해, 아이가 죽기 전까지는 밧세바는 여전히 우리아의 아내라는 족쇄를 벗을 수 없었지만, 아이의 죽음 이후 하나님은 이제 밧세바를 다윗의 아내로 받아 주시는 모습을 보게 됩니다.

둘째, 더 놀라운 것은 하나님이 다윗에게 새로운 '생명의 은혜'를 허락해 주신 것입니다. 밧세바를 통해 태어난 아이가 죽었는데 바로 그 죽음의 자리에서 다시 새로운 생명의 은혜를 더해 주십니다. 그 태어난 아이의 이름이 솔로몬인데 하나님이 나단을 보내 아이의 이름을 '여디디야' 즉 '하나님의 사랑을 입은 자'라고 알려 주십니다.

셋째, '하나님의 사랑을 입는 은혜'까지 더해 주신 것입니다.

분명히 다윗에게 찾아온 2인칭 죽음의 시간은 아프고, 힘들고, 견디기 어려운 시간이었습니다. 그러나 2인칭 죽음이 다윗에게 전화위복(轉禍爲福)이 되었습니다. 도저히 용납될 수 없었던 우리아의 아내 밧세바를 다윗의 아내로 받아 주셨고, 그리고 죽음의 자리에서 새로운 생명의 탄생을 허락해 주셨고 '하나님의 사랑을 입은 자'라는 놀라운 은혜까지 부어주신 것입니다.

어떻게 이런 일이 일어날 수 있을까요?

2인칭 죽음에 대한 다윗의 반응 때문입니다. 하나님의 긍휼을 구하고 하나님의 주권에 순종하는 바로 그 모습에 하나님이 은혜를 더해 주신 것입니다.

우리도 언젠가 사랑하는 자녀나 배우자, 부모나 형제 그리고 사랑하고 가까운 사람들을 떠나보내는 2인칭 죽음을 맞이하게 됩니다. 그러나 하나님이 주목하시는 것은 우리의 반응입니다. 2인칭 죽음을 통해 하나님이 보기 원하시는 것은 하나님의 공의와 주권을 받아들이는 순종과 하나님의 긍휼을 구하는 우리의 신앙의 자세입니다. 하나님이 긍휼을 베푸셔서 살려주시든지 아니면 하나님이 데리고 가시든지 우리의 자세는 하나님의 뜻과 주권 앞에 순종하는 것입니다. 하나님께 분노하고 원망하며 그리고 자기 자신을 괴롭히는 것은 2인칭 죽음을 맞이하는 자세가 아닙니다.

왜냐하면, 하나님의 주권적인 일 하심에 순종하지 않는 모습이기 때문입니다. 비록 사랑하는 사람은 떠나갔지만 우리는 여전히 살아가야 할 삶이 있고 또한 하나님이 부으시는 은혜가 있고 우리가 감당해야 할 사명이 남아있습니다. 그렇기에 우리는 다윗처럼 하나님의 선하심을 믿고 기다려야 합니다.

로버트 J. 토마스의 2인칭 죽음

우리나라에 온 최초의 개신교 선교사이며 순교자인 로버트 J. 토마스(Robert J. Thomas, 1839-1866) 선교사가 있습니다. 그는 처음에는 중국 선교사로 헌신했습니다. 24세의 젊은 나이에 그의 아내 캐롤라인과 함께 중국 선교를 시작했지만, 중국에서 선교 활동은 상상을 초월하는 많은 어려움이 있었습니다. 선임선교사와의 갈등의 문제도 있었고, 또한 임신한 아내가 중국 생활에 잘 적응하지 못하는 것도 문제였습니다.

그렇게 중국 사역을 이어 가던 토마스는 임신한 아내를 홀로 남겨 두고 출장을 떠나게 됩니다. 그런데 출장을 간 사이, 토마스와 이웃에 살며 친하게 지내던 미국 선교사 부인이 갑자기 풍토병으로 죽는 일이 발생하였습니다. 이것을 곁에서 본 캐롤라인은 심한 충격을 받았고 태중의 아기가 유산되는 고통을 겪게 됩니다.

그리고 얼마 후 출장을 떠났다가 돌아온 토마스 선교사의 눈에는 충격적인 장면이 연출되었는데 그것은 이미 싸늘하게 시신으로 변해 버린 자기 아내를 보게 된 것이었습니다. 아기가 유산된 후에 아무도 돌봐 주는 이 없이 버려져서 이미 일주일 전에 죽었던 것입니다. 아내의 죽음에 토마스 선교사는 너무나 큰 충격을 받게 되었습니다. 그는 선교 사역에 대한 회의에 빠졌고 하나님에 대한 원망도 다음과 같이 점점 커졌습니다.

> 하나님!
> 내가 여기에 왜 왔는지 아시잖습니까?
> 중국에 있는 사람들에게 복음을 전하겠다고 고향과 부모를 떠나 이곳까지 왔는데, 당신이 내게 한다는 것이 고작 이것입니까?
> 내 아내와 자식을 데려가는 것이 당신의 뜻입니까?
> 우리는 우리 아이가 태어나면 선교사로 키우려고 했습니다.
> 그런데 아이와 아이의 엄마까지 어떻게 데려가실 수 있으십니까?
> 그러려면 차라리 저도 데려가지 왜 저 혼자만 남겨두셨습니까?
> 아무 말도 없이 그렇게 있으시지만 말고 뭐라고 말씀 좀 해보세요.
> 하나님 당신은 사랑이시라고 하셨잖아요.
> 그런데 왜 나에게 이런 고통을 주시는 것입니까?
> 이제 나는 당신이 나를 선교사로 부르신 것인지 확신이 서지 않습니다.

토마스는 아내를 잃은 충격으로 많은 날을 방황하다가 그는 결심합니다. 자신을 파송한 런던선교회에 선교사 사직서를 제출하고 중국해상세관에 통역관으로 취직을 해버렸습니다. 세관에 취직한 그는 모든 것을 잊기 위해 일하는 것에 전념하였습니다.

그러다가 우연한 중에 토마스는 조선이라는 나라에 대해 알게 되었고 조선에서 가톨릭교도들의 수난에 대한 소식을 듣게 되었습니다. 조선 동지사(冬至使)가 전해준 말에 따르면 조선에서는 지금 예수를 믿는 것 때문에 수많은 사람이 죽어 가며, 순교의 피를 흘리고 있다는 말에 뜨거운 선교의 피가 다시 끓어올랐습니다. 다시 복음을 전하고 싶은 마음이 생겨났습니다.

그래서 일을 그만두고 다시 선교 사역을 하기로 합니다. 그리고 아직 조선에 성경책이 없다는 말을 듣고 한문으로 된 성경책을 들고 백령도 부근의 섬을 2개월 반 동안 돌면서 섬 주민들에게 성경책을 주고 예수 그리스도가 구원자임을 가르치기 시작했습니다. 또한, 서울로 가서 전도할 생각으로 범선을 타고 한강을 향했으나 난데없는 폭풍으로 접근치 못하고 표류하다가 북경으로 되돌아왔습니다.

다시 조선으로 건너가서 복음을 전할 생각을 하던 토마스 선교사는 미국 상선 제너럴셔먼호가 무역을 위해 조선으로 간다는 소식을 듣고 통역관으로 그 배에 오르게 됩니다. 그리고 가는 곳마다 성경을 나눠 주면서 이렇게 외쳤습니다.

"하나님이 조선을 사랑하십니다."

"야소(예수)를 믿으세요!"

"야소를 믿으세요!"

그러던 중 조선의 군사들에게 공격을 받은 제너럴셔먼호가 불타게 되자 토마스 목사는 한 손에 백기를 들고 "야소, 야소"를 외치며 성경책을 던졌습니다.

결국, 생포되어 죽임을 당하게 되었는데 토마스 선교사는 자신을 참수하기 위해 칼을 들고 다가오는 박춘권에게 작은 보따리를 건네면서 "하나님은 당신을 사랑합니다"라고 말해줍니다. 토마스가 죽고 난 이후 그가 건넨 성경을 읽던 박춘권은 예수를 믿게 되었고 안주교회의 영수(領袖)가 되어 남은 생애를 하나님을 위해 살아가게 됩니다.

그뿐만 아니라 토마스가 뿌린 성경을 통해 수많은 사람이 예수를 믿게 되었고 또한 제너널셔면 호가 불탈 때 생명을 걸고 '야소, 야소'라고 외쳤던 토마스 선교사의 외침을 듣고 예수를 믿은 사람들도 많았다고 한국 교회사는 전합니다.

2인칭의 죽음의 고통과 아픔을 이겨내고 다시 자신에게 주어진 사명의 자리에 섰던 한 사람의 선교사를 하나님이 영광스러운 순교자로 받아 주셨고 또한 그가 외치는 소리와 그가 던진 성경책으로 수많은 생명의 열매를 맺게 하셨습니다. 그로 인해 하나님 없이 살아가던 이 나라 조선이 하나님의 사랑을 입는 나라로 세워지게 된 것입니다.

죽음의 자리에서 시작되는 생명의 역사

우리는 모두 가까운 사람의 죽음 즉 2인칭 죽음을 맞이하게 됩니다. 그러나 반드시 기억해야 하는 것은 누군가의 죽음이 끝이 아니라 새로운 삶의 전환점으로 나가는 시작이라는 것입니다. 그러므로 2인칭 죽음 앞에 우리도 다윗처럼 반응해야 합니다. 망가진 일상을 다시 회복하고, 여호와의 전으로 나가 다시 하나님 앞에 엎드리고, 하나님의 주권과 공의 앞에 순종하고, 주변을 돌아보며 슬픔을 당한 자를 위로하는 자로 세워져야 합니다.

그럴 때 2인칭 죽음을 통해 하나님이 밧세바를 받아 주시듯이 다시 우리를 받아 주시고, 새로운 생명의 은혜도 더해 주시고 하나님의 사랑을 입는 자로 우리를 새롭게 세워 주시는 것입니다.

죽음은 분명히 고통스럽고 아프지만, 우리가 그 죽음을 삶으로 이겨낼 때 그 죽음 위에 새로운 은혜가 임하게 됩니다. 죽음의 자리에서 다시 생명의 탄생을 시작하시는 하나님을 기대하며 생명으로 죽음을 이겨내는 삶을 살아갑시다. 하나님은 여전히 당신을 주목하십니다.

3인칭 죽음

프랑스 철학자 블라디미르 장켈레비치(Vladimir Jankelevitch)가 쓴 『죽음에 대하여』라는 책을 보면 죽음이 지니는 위상과 의미에 따라 1인칭, 2인칭, 3인칭 죽음으로 구분을 합니다.

'1인칭 죽음'은 '나'의 죽음으로, 경험할 수 없는 것이며 알 수 없는 것입니다. '2인칭 죽음'은 나와 가까운 사람의 죽음으로, 2인칭의 죽음으로 말미암아 비로소 죽음을 진지하게 생각하고, 나에게도 언젠가 다가올 사건으로 인식하기 시작하게 되는 것입니다. 그러나 '3인칭 죽음'은 나와 무관한 죽음, 사회적이고 인구 통계학적인 죽음으로, 죽음을 '나'의 것이 아닌 '타인'의 것으로 취급하게 됩니다.

3인칭 죽음의 새로운 의미

그러나 3인칭 죽음은 세상에서 말하는 것처럼 나와 '상관없는 죽음'이 아니라 그 죽음이 우리의 현재와 미래를 바꾸는 죽음입니다. 그 3인칭 죽음이 바로 그의 죽음 즉, 예수님의 죽음이기 때문입니다.

그런데 어떤 사람들은 예수님의 죽음을 단순한 3인칭 죽음으로 치부하여 이런 의문을 제기하기도 합니다.

'그의 죽음이 오늘 나와 무슨 상관이 있는가?'

'2000년 전 그것도 이스라엘이라는 나라에서 죽음을 맞이한 한 나사렛 청년의 죽음이 오늘 그리고 이곳을 살아가는 우리에게 무슨 상관이 있는가?'

실제로 많은 사람이 예수님을 믿는다고 하지만 예수님의 죽음과 부활을 우리의 삶과 연결하지 못하면서 이렇게 말합니다.

'그의 죽음과 부활이 어쨌단 말인가?'

> 그러므로 한 사람으로 말미암아 죄가 세상에 들어오고 죄로 말미암아 사망이 들어왔나니 이와 같이 모든 사람이 죄를 지었으므로 사망이 모든 사람에게 이르렀느니라 (롬 5:12).

그러나 한 사람으로 말미암아 죄가 세상에 들어왔고, 죄로 말미암아 사망이 들어왔고 모든 사람이 죄를 지었기에 결국 사망에 이르게 되었습니다. 시작은 한 사람의 범죄 때문이었습니다. 그러나 죄의 강력한 전염성과 확장성으로 인해 모든 인류가 죄 아래 놓이게 되었습니다.

죄의 바이러스의 치료제로써의 '그의 죽음'

> 한 사람의 범죄로 말미암아 사망이 그 한 사람을 통해 왕 노릇 하였은즉 더욱 은혜와 의의 선물을 넘치게 받는 자들은 한 분 예수 그리스도를 통해 생명 안에서 왕 노릇 하리로다(롬 5:17).

그러나 한 사람 예수그리스도를 통해 우리에게 생명과 은혜가 주어졌고 우리는 생명 안에서 왕 노릇 할 수 있는 자가 되었습니다. 그런 의미에서 예수그리스도는 죄의 바이러스로 인해 사망에 이르게 되는 모든 인류를 위한 유일한 치료제이자 백신이 되십니다.

2013년에 나온 영화 가운데 <감기>라는 영화가 있습니다. 사상 유례없는 최악의 바이러스로 인해 대한민국의 도시 하나가 폐쇄되면서 일어나는 일들을 다루고 있는 영화입니다. 기침을 통해 전파되는 감기 바이러스의 감염 속도가 초당 3.4명에 이르고 감기에 걸리면 치사율 100%의 유례없는 최악의 바이러스로 두려움과 공포가 밀려오게 됩니다.

결국, 도시를 폐쇄하고 시간당 이천 명의 사람들이 목숨을 잃어가면서 감염자는 모조리 총살하는 끔찍한 상황이 발생하게 되었습니다. 적당한 대책을 찾지 못하는 가운데 감기바이러스에 감염됐다가 살아난 한 여자아이의 몸에 바이러스 치료제를 만드는데 필요한 항체가 있음을 알게 되었고, 결국 항체 보유자 아이의 몸에서 항체를 추출하여 백신이 개발됩니다. 그리고 그 백신을 통해 감기 바이러스 확산을 막고 해피 엔딩으로 영화는 끝이 나게 됩니다.

예수님도 죄의 바이러스의 문제를 해결할 수 있는 유일한 항체 보유자이시기에 그분을 통해서만 모든 인류의 죄와 사망의 문제를 해결할 수 있게 됩니다. 그렇기에 예수님의 죽음이 나와 무관한 죽음이 아니라 죄의 바이러스로 인해 죽음을 향해 나가던 우리의 삶에 유일한 구원과 생명이 되십니다.

신분과 삶을 바꾸는 '그의 죽음'

또 이렇게도 비유할 수 있습니다. 조선 시대 노비라는 계급이 있었습니다. 노비로 태어난 사람은 아무리 잘나고, 뛰어나도 노비일 뿐입니다. 노력한다고 자신의 신분을 바꿀 수 있는 것이 아닙니다. 노비로 태어나서 노비로 살다가 노비로 죽고 그의 몸을 통해 태어난 모든 자손도 다 노비가 됩니다.

그런데 만약 그의 주인이 그를 노비 대장에서 지워 버리고 면천을 해주게 되면 그는 자유롭게 살아갈 수 있게 됩니다. 마찬가지로 예수님이 이 땅에 오셔서 '그의 죽음'을 통해 사탄의 종과 노예로 살던 우리를 해방해 주셨습니다. 그러므로 그의 죽음은 우리와 무관한 죽음이 아니라 우리의 신분과 삶을 변화시키는 죽음이라는 것을 기억해야 합니다.

우리의 자화상

다음은 3인칭의 예수님의 죽음이 나와 연결되기 전까지 우리의 모습입니다.

첫째, 6절 "우리가 아직 연약할 때에"
둘째, 8절 "우리가 아직 죄인 되었을 때에"
셋째, 10절 "우리가 원수 되었을 때에"

이것이 예수님의 죽음과 우리가 연결되기 전까지 우리 현실의 세 가지 모습입니다.

첫째, "우리가 아직 연약할 때에"

> 우리가 아직 연약할 때에 기약대로 그리스도께서 경건하지 않은 자를 위하여 죽으셨도다 (롬 5:6).

여기서 말하는 "연약하다"라는 말은 힘이 약하다는 의미가 아니라 우리가 여전히 무기력한 상태에 머물러 있을 때를 의미하는 것입니다. 이 연약함이란 절대적인 무능함 즉, 전적인 무능의 상태 다시 말해, 우리 힘으로는 절대 구원받을 수 없는 상태를 의미합니다.

둘째, "우리가 아직 죄인 되었을 때에"

우리가 아직 죄인 되었을 때에 그리스도께서 우리를 위하여 죽으심으로 하나님이 우리에 대한 자기의 사랑을 확증하셨느니라(롬 5:8).

"우리가 아직 죄인 되었을 때에"라는 말은 '죄'로 인해 하나님의 영광에 나갈 수 없는 존재, 9절 말씀처럼 죄로 인해 하나님의 진노하심 아래 있는 존재 그래서 하나님의 사랑을 받을 자격이 전혀 없는 존재, 철저하게 죄로 인해 하나님과 단절된 상태에 서 있는 존재를 말합니다.

셋째, "우리가 원수 되었을 때에"

곧 우리가 원수 되었을 때에 그의 아들의 죽으심으로 말미암아 하나님과 화목하게 되었은즉 화목하게 된 자로서는 더욱 그의 살아나심으로 말미암아 구원을 받을 것이니라(롬 5:10).

"원수 되었다"라는 말은 하나님과 맞은편에 서 있는 우리의 모습을 보여 줍니다. 하나님과 불화한 상태이고 하나님과 적대적인 상태에 있는 우리의 모습을 말하는 것입니다. 우리가 아직 연약할 때나, 죄인 되었을 때나 그리고 우리가 원수 되었을 때 모두 동일한 한 가지 모습을 나타냅니다. 그것은 하나님께 나갈 수 없는 하나님과 단절된 상태입니다.

그 이유는 죄 때문이고 그 죄로 인해 우리의 삶이 영원한 죽음 즉 사망으로 나가게 된 것입니다.

예수 그리스도 '그의' 죽음

> 우리가 아직 연약할 때에 기약대로 그리스도께서 경건하지 않은 자를 위하여 죽으셨도다(롬 5:6).

그런데 이러한 상태에 있는 우리에게 3인칭 죽음 즉, 그의 죽음이 일어났습니다. 기약대로 그리스도께서 경건하지 않은 자를 위하여 돌아가셨는데 여기서 말하는 "기약대로"라는 말은 '하나님이 정하신 대로'라는 의미입니다.

다시 말해, 하나님이 정하신 방법대로, 하나님이 정하신 때에, 하나님이 정하신 사람들을 위해 그리스도께서 죽으셨습니다. 그의 죽음은 우리와 무관한 단순한 3인칭 죽음이 아니라 우리의 인생에 놀라운 하나님의 은혜를 부으신 사건이었습니다.

그래서 그의 죽으심으로 우리는 하나님과의 관계가 변화되었고 또한 죄의 바이러스로 죽어 가던 인생에 유일한 치료제를 얻어 생명과 영생으로 나갈 수 있는 은혜를 얻은 것입니다.

> 그러면 이제 우리가 그의 피로 말미암아 의롭다 하심을 받았으니 더욱 그로 말미암아 진노하심에서 구원을 받을 것이니(롬 5:9).

그러므로 '그의 죽으심'으로 말미암아 우리의 삶에 변화가 시작되었습니다. 그래서 성경은 그로 '말미암아'라는 단어를 계속 반복하면서 우리에게 주어진 구원과 의롭다 하심의 결과가 바로 그의 죽으심으로 말미암은 것이라고 말합니다.

그렇다면 그의 죽으심으로 말미암아 우리에게 주어진 은혜는 어떤 것일까요?

구원의 은혜: 살리심

그의 죽으심으로 말미암아 주어진 첫 번째 결과는 구원에 있어서 무능력한 우리에게 구원의 은혜를 허락해 주신 것입니다. "우리가 아직 연약할 때" 즉 영적인 무능함 즉 하나님의 구원에 이를 수 없는 절대 무능함의 상태로 살아가던 우리에게 그로 말미암아 구원이 주어진 것입니다. '그의 죽으심' 즉 그의 피로 말미암아 우리가 의롭다 하심을 받았고, 그의 죽으심으로 말미암아 진노하심에서 구원을 받은 것입니다. 다시 말해, 우리는 우리 자신의 의로는 절대 구원을 받을 수 없는 연약한 존재입니다.

그런데 '그로 말미암아' 영적 무능함에 있던 우리에게 구원을 주셨고 또한 공식적으로 우리를 의롭다고 칭해주시며 죄의 노예 대장에 있던 우리의 이름을 지워버려 주셨습니다.

전적 무능력

그런데 우리는 자주 자신의 영적 무능력함을 잘 인식하지 못합니다. '전적 무능력'이란 자신의 본성을 바꾸거나 하나님의 법에 순종하여 구원에 이르는 선을 행할 능력이 우리에게 없다는 것을 말합니다. 그것은 결국 하나님이 기뻐하시는 바를 능히 행할 능력이 전혀 없다는 것을 의미합니다. 그렇기에 당연히 구원에 이를 수 없는 것입니다.

그런데 우리 스스로는 자신의 전적 무능력을 인정하지 않고 나름내 노력과 힘을 통해 하나님의 구원을 향해 나갈 수 있다고 생각합니다. 그렇기에 하나님의 은혜를 절실하게 갈망하지 않고 또한 자신의 힘 즉, 자력으로 자신을 구원해 낼 수 있다고 믿기에 생명을 얻기 위해 그리스도께로 나오지 않는 것입니다.

한 교회학교 교역자가 아이들에게 영적 무능력함을 설명하기 위해 실타래를 들고 강단으로 올라갔습니다. 그리고 아주 힘세게 보이는 아이를 불러 올라오게 했습니다.

그 아이에게 가느다란 실을 보여 주며 이렇게 물었습니다.

'이것을 끊을 수 있겠느냐?'

그러자 아이는 당연히 자신이 할 수 있다고 말하고 너무나 쉽게 그 실을 두 손으로 끊어버렸습니다. 그러자 이번에는 이렇게 물었습니다.

'이 실타래의 실로 손을 꽁꽁 묶으면 끊을 수 있겠는가?'

그러자 한번 그 줄을 끊어보았고 또한 얇은 줄을 보며 힘센 아이는 자신이 그 실을 끊을 수 있을 것 같다고 말했습니다. 그리고 또 다른 한 아이를 불러 이 실타래의 실이 끝날 때까지 쉬지 말고 손을 꽁꽁 묶으라고 했습니다.

그러자 그 아이는 자신의 온 힘을 다해 그 줄을 끊으려고 했지만, 소용이 없었습니다. 힘을 쓸수록 더 손목이 조여 오며 고통이 더해졌습니다. 그때 목사님이 말합니다.

> 우리는 죄의 문제를 가볍게 여기고 스스로 이 문제를 해결할 수 있다고 생각하지만, 죄가 더해지고 죄가 우리의 삶을 묶게 되면 아무리 힘센 사람이라고 할지라도 꼼짝하지 못하고 무능력에 빠지게 되는 것입니다.

전적 무능력함의 유일한 해결책: 그의 죽음

체코 영화 가운데 <Most>라는 영화가 있습니다. 영화에는 다리에서 일하는 아버지와 아버지가 일하는 곳에 놀러 온 아들의 이야기로 시작됩니다. 아버지는 기차가 들어오면 아들과 함께 다리를 펴자고 이야기를 하고 기다리라고 합니다. 그런데 기차 한 대가 달려오고 있습니다. 아들이 보기에 기차가 너무 빨리 달려오고 있었고 아버지는 그것을 인지하지 못하고 있다고 생각했습니다.

그래서 아들은 자신이 직접 기계실로 가서 레버를 내리려고 하다가 기계실로 떨어지고 말았습니다. 아버지도 먼발치에서 그 모습을 보게 되었습니다. 기차가 무서운 속도로 달려오고 있는데 다리를 펴지 않으면 자기 아들은 살릴 수 있습니다. 그러나 기차에 탄 모든 승객은 죽습니다. 그러나 반대로 기차에 탄 사람들을 구하려고 한다면 자기 아들을 죽일 수밖에 없었습니다.

아버지는 고통스러운 선택의 순간에 전적 무능력의 상태에 있는 기차 안의 사람들을 위해 자기 아들을 희생시켜 그들을 구원했습니다. 이후 장면에서 보여 주듯이 절규하는 아버지의 모습과 기차 안에서 아무 일도 없었던 것처럼 자신의 일상을 살아가는 사람들이 교차하여 보여 줍니다. 기차 안에 있던 사람들은 아버지가 행했던 그 놀라운 구원의 일에 관심도 없었고 그 일을 알지도 못한 채 일상을 살아가고 있었습니다.

우리가 연약할 때에 그의 죽으심을 통해 우리에게 보여 주신 하나님의 구원도 이와 같습니다. '그의 죽으심'으로 말미암아 전적 무능력 상태에 있던 우리에게 하나님의 구원의 은혜가 주어졌습니다. 그러므로 3인칭 죽음 즉, 예수님의 죽음이 우리와 상관없는 죽음이 아니라 영적 무능력 가운데 있던 우리를 구원하는 유일한 방법이라는 것을 기억해야 합니다.

사랑의 은혜: 존재와 가치의 변화

그의 죽으심으로 말미암아 우리에게 주신 또 하나의 은혜는 '하나님의 사랑에 대해 알게 되는 은혜'입니다. "우리가 아직 죄인 되었을 때"는 것은 죄로 인해 하나님과 단절된 상태로 있을 때를 의미합니다.

그래서 우리가 죄인 되었을 때는 하나님의 영광에 나갈 수도 없고, 하나님의 진노하심 아래 있을 수밖에 없고 하나님의 사랑을 받을 수도 없는 때를 의미합니다.

> 우리가 아직 죄인 되었을 때에 그리스도께서 우리를 위하여 죽으심으로 하나님이 우리에 대한 자기의 사랑을 확증하셨느니라 (롬 5:8).

그런데 그리스도 예수께서 죽으심으로 우리를 향한 하나님의 사랑을 보여 주셨습니다. 여기서 말하는. '확증'이라는 단어는 '드러내고 증명하다'는 의미입니다. 하나님과 단절되어 하나님의 사랑의 넓이와 깊이를 전혀 깨닫지 못하던 우리에게 그의 죽으심을 통해 하나님이 얼마나 우리를 사랑하시는가를 보여 주신 것입니다.

짐 엘리엇, 그의 죽음

1956년 1월, 짐 엘리엇(Jim Elliot, 1927-1956)과 그의 동료 4명의 선교사는 에콰도르 정글 지역에 있는 아우카족에 복음을 전하기 위해 들어갔습니다. 그러나 안타깝게도 호전적인 그들의 창과 도끼에 의해 모두가 죽임을 당하고 말았습니다. 짐 엘리엇이 죽고 난 뒤, 이번에는 그의 부인 「엘리자베스 엘리엇」이 남편의 뒤를 따라 아우카족의 선교사로 나섰습니다. 그녀는 일 년간 간호사 훈련을 받고 아우카족에게로 갔는데 다행히 이들은 여성을 해치는 것을 비겁한 짓이라고 생각하여 그녀를 해치지 않았습니다.

그녀는 그곳에서 아우카족을 위해 여러 해 동안 헌신하였습니다. 어느 날 아우카족의 추장이 엘리자베스 부인에게 물었습니다.

"당신은 누구이며 왜 우리를 위해 이렇게 수고합니까?"

그때 엘리자베스는 대답했습니다.

"나는 5년 전에 당신들이 죽인 백인 남성 중의 한 사람의 아내입니다. 나는 그들이 전하지 못한 이야기를 가지고 왔고, 나는 자기 아들을 여러분을 위해 죽이신 하나님의 사랑을 여러분에게 전하기 원합니다."

부인의 말을 들었던 추장은 감동하였고, 추장으로부터 모든 부족이 집단 회심하게 되었습니다. 그중에 짐 엘리엇을 죽였던 한 청년이 있었는데 그는 나중에 아우카족의 첫 번째 목사가 되었습니다. 아우카족에게 그(짐 엘리엇)의 죽음은 헛되고 무가치한 죽음이 아니라 하나님의 사랑을 깨닫게 하기 위한 소중한 죽음이었습니다.

우리도 마찬가지입니다. 하나님의 사랑이 바로 그의 죽으심을 통해 우리에게 나타났습니다. 그러므로 우리도 예수님의 죽음을 통해 하나님이 우리를 얼마나 사랑하시는 가를 발견해야 합니다. 아직 죄인 되었을 때 우리를 외면하고 버리지 않으시고 여전히 자신의 사랑을 그의 죽으심을 통해 보여 주신 하나님을 기억해야 합니다.

화목의 은혜: 관계를 회복하심

그의 죽으심을 말미암아 우리에게 주어진 마지막 은혜는 '화목의 은혜'입니다.

> 곧 우리가 원수 되었을 때에 그의 아들의 죽으심으로 말미암아 하나님과 화목하게 되었은즉 화목하게 된 자로서는 더욱 그의 살아나심으로 말미암아 구원을 받을 것이니라 (롬 5:10).

여기서 말하는 '화목'이란 말은 '화해하다'는 의미가 있습니다. 하나님과 원수가 되었다는 것은 하나님과 적대적인 위치에 서 있음을 의미합니다. 하나님이 기뻐하지 않은 일을 하고 또한 하나님이 아닌 세상의 다른 우상들을 섬기며 살아가던 삶을 의미합니다.

그런데 그의 죽으심으로 말미암아 하나님과 우리 사이에 화해를 위한 다리가 놓였습니다. 예수님은 하나님과 우리의 화해를 위해 화목제물이 되셨습니다. 구약의 제사 가운데 화목제는 하나님과 화해를 위해 그리고 하나님과 교제를 위해 드리는 제사입니다. 그 제사를 위해서는 반드시 화목제물이 필요한데 그의 죽으심을 통해 우리는 하나님과 화해를 이루게 된 것입니다.

> 그뿐 아니라 이제 우리로 화목하게 하신 우리 주 예수 그리스도로 말미암아 하나님 안에서 또한 즐거워하느니라 (롬 5:11).

그러므로 예수그리스도로 말미암아 우리가 하나님과 화목하게 되었기에 이제 우리가 살아가야 하는 삶은 '하나님 안에서 즐거워하며' 살아가야 합니다. 그러한 삶이 우리가 하나님과 화목하게 되었음을 증명하는 삶의 모습입니다.

말씀을 믿고 죽은 사람

영국의 한 노인이 평생 예수도 믿지 않고 또한 가난하게 살아가다가 육십(60)이 넘어 죽을병에 걸리고 말았습니다. 평생 죄만 짓고 살아온 것이 두렵고 무서웠던지 죽은 후의 운명이 걱정되었습니다. 그래서 이웃에 사는 손녀를 불러서 성경을 읽어 달라고 부탁했습니다. 손녀가 성경을 읽어 내려가면 갈수록 더 마음이 두렵고 죄책감이 깊어져만 갔습니다.

어느 날 손녀가 성경을 읽어 가다가 요한일서 1장 7절을 읽는데 "그 아들 예수의 피가 우리를 모든 죄에서 깨끗하게 하실 것이요"라는 말씀을 읽자 그 노인은 깜짝 놀라면서 그 말씀을 다시 읽어 달라고 부탁했습니다. 그리고 '다시', '다시', '다시' 계속 반복해서 그 말씀을 읽게 했습니다. 그리고 이번에는 손가락으로 그 말씀을 짚어 달라고 했습니다. 그러자 자신이 그 말씀을 반복해서 다시 읽더니 이렇게 말합니다. "내가 죽게 되면 나는 이 말씀을 믿고 죽었다고 사람들에게 알려 달라"고 부탁했다고 합니다.

3인칭 죽음 즉 '그의 죽음'이 우리와 상관없는 죽음, 저 멀리 이천 년 전의 한 나사렛 청년의 죽음이 아니라 우리에게 구원을 주시기 위해, 하나님의 사랑을 보여 주시기 위해 그리고 하나님과 깨어진 관계를 회복하시기 위한 죽음이라는 사실을 기억해야 합니다. 그의 죽으심으로 구원에 있어 영적 무능력한 우리가 구원을 얻게 되었고, 그의 죽으심으로 우리의 존재와 가치가 변화되어 하나님의 사랑을 입게 되었고 그의 죽으심으로 단절된 우리의 관계가 다시 하나님과 화목하게 되었습니다.

그러므로 예수 그리스도의 죽음인 이 3인칭 죽음이 나와 상관없는 죽음이 아니라 우리의 영혼을 살리고 변화시키고 새로운 관계를 회복하시는 복되고 위대한 죽음이라는 사실을 기억하십시오. 우리는 오늘도 그의 죽으심으로 인해 새로운 세상을 살아가고 있습니다.

제3부

Beyond 죽음

죽음을 뛰어넘는 삶을 살아가라.
부활 신앙은 머릿속에 담아 두는 관념이 아니라
우리 삶의 실력이다. 부활 신앙은 죽음을 뛰어넘어
크리스천인 우리가 누구인지를 세상에 보여 주는 증거가 된다.

제10장

놀람 행진곡

하이든의 94번 교향곡을 우리는 '놀람 교향곡'이라고 부릅니다. 우리가 알고 있는 하이든의 놀람 교향곡은 음악회장에서 잘 조는 런던의 귀부인들을 놀라게 하여 잠든 청중을 깨웠다는 일화가 전해지기도 하지만, 1악장에서 피아노~피아니시모로 조용히 진행하다가 2악장부터 등장하는 팀파니의 강력한 타격이 더해지면서 아주 웅장하고 강력한 '포르티시모'(Fortissimo)가 청중들의 감성을 깨우고 놀라게 한 연주곡입니다.

우리가 걸어가는 인생 가운데도 하나님은 잠자고 있는 우리의 영혼들을 깨우시며 믿음의 여정 가운데 놀람의 사건들을 일으키시는데 부활의 사건이 바로 그 놀람의 사건입니다. 부활은 상식적으로 그리고 이성적으로 이해하기 어려운 사건이지만 부활의 사건을 제대로 이해하고 받아들이게 되면 그 부활이 우리 인생의 변곡점이 됩니다. 실제로 예수님의 부활을 경험한 많은 사람들의 인생이 변화했고 새로운 삶을 향해 달려갔습니다.

죽음 행진곡

그러나 부활을 경험하기 전까지 사람들은 여전히 죽음 행진곡을 부르며 죽음을 향해 걸어갑니다. 이 여인들의 목적지는 '무덤'이었습니다. 그들이 무덤을 향해 가는 목적은 죽은 예수의 시신에 향품을 바르기 위함입니다. 그리고 죽음으로 나가는 길에 그들에게 염려가 찾아왔습니다. 그것은 무덤을 가로막는 '거대한 돌에 대한 걱정'이었습니다. 그 당시 무덤은 돌무덤이었고 그 돌은 죽음과 생명의 경계가 됩니다. 돌의 안쪽은 죽음의 영역이고 돌의 바깥쪽은 생명의 영역입니다.

결국, 그 돌이 죽음과 생명을 연결하는 통로를 가로막고 있었습니다. 돌을 옮기는 것은 여인들의 능력 밖의 영역입니다. 그래서 걱정하고 염려하는 것입니다. 그런데 그들의 눈에 놀라운 광경을 목격하게 됩니다. 그것은 그 거대한 돌이 이미 굴려진 것입니다. 돌이 굴려져 있다는 것은 죽음과 생명이 연결되기 시작했다는 것을 보여 줍니다. 우리 힘으로 도저히 움직일 수 없었던 죽음이라는 돌을 주님이 굴려주심으로 우리가 부활을 향해 나갈 수 있는 은혜를 입게 된 것입니다.

그런데 이 부활의 사인들을 보면서도 여인들은 무덤 안에서 여전히 예수님의 죽은 시신을 찾고 있었습니다. 그래서 무덤에 있던 청년 즉 천사가 말합니다.

> 청년이 이르되 놀라지 말라 너희가 십자가에 못 박히신 나사렛 예수를 찾는 구나 그가 살아나셨고 여기 계시지 아니하니라 보라 그를 두었던 곳이니라 (막 16:6).

여인들의 생각과 시선은 온통 죽음에만 집중되어 있었습니다. 그들의 목적지와 목적 그리고 그들이 찾고 있는 모든 것이 모두 죽음과 연결되어 있었기에 그들은 죽음 행진곡을 부르고 무덤을 향해 나가고 있었습니다. 그런데 죽음 행진곡을 부르며 걸어가는 이 여인들에게 '놀람'이 일어납니다. 무덤 안에서 발견한 흰옷을 입은 한 청년 즉 천사를 보고 그들이 놀랍니다(5절). 그리고 부활의 소식을 듣고 보았던 여인의 반응이 놀람으로 나타납니다.

> 여자들이 몹시 놀라 떨며 나와 무덤에서 도망하고 무서워하여 아무에게 아무 말도 하지 못하더라(막 16:8).

여기에 나오는 놀람이라는 단어는 5절에 나왔던 놀람보다 훨씬 더 강력한 의미의 공포를 의미합니다. 그런데 마가복음이 여기서 끝이 나고 맙니다. 오래된 원본 두 곳을 보면 마가복음은 8절까지만 기록되어 있어서 어떤 학자들은 9절 이하의 말씀은 후대에 첨부된 내용이라고 보는 경향이 많습니다. 그래서 특수문자인 괄호로 9절부터 마지막 절까지 묶어 둔 것입니다.

그렇다면 '왜 마가는 다른 복음서와 달리 이렇게 성경을 마무리했을까요?'

왜 마가는 여인들의 모습을 '놀라 떨고 무서워하며 무덤에서 도망치는' 무기력한 모습으로 그리고 천사가 가서 전하라고 한 메시지를 '아무에게 그리고 아무 말도 하지 못하는' 무책임한 모습으로 기록하고 있을까요?

마가복음의 기록 목적(배경)

마가복음은 주후 64년에서 70년 사이에 기록되었습니다. 그리고 이 서신을 받게 되는 사람들은 '로마 교회 성도들'입니다. 그런데 이 시기에 굵직굵직한 사건들이 교회 안에 일어납니다. 네로 황제의 교회 박해와 핍박이 이때 일어납니다. 당시 로마 교회 성도들은 죽음에 대한 두려움과 공포 가운데 살아가고 있었습니다. 그리고 66년 이스라엘 땅에서는 로마에 대한 유다의 반란이 일어났고, 69년 로마 정부가 예루살렘을 포위했고, 결국 70년에 예루살렘 성전은 불탔고, 성읍들은 약탈 당했고, 그리고 이스라엘의 멸망으로 이어지게 됩니다.

이러한 고난과 어려움을 직면하고 있던 성도들에게 마가는 지금 이 복음서를 쓰고 있는 것입니다. 아마도 마가는 암담한 현실 가운데 죽음 행진곡을 부르며 죽음을 향해 달려가는 성도들의 모습이 어떻게 보면 두려움과 공포에 사로잡혀, 아무 말도 그리고 아무에게도 가지 못하는 여인들의 모습과 같다는 것을 보여 주려고 한 것 같습니다.

그런데 오늘 본문에서 여인들의 놀람이 두려움과 공포에 묶이는 것은 '하나님이 행하신 일'을 바라보지 못하고 '자신에게 일어나는 일'을 바라보고 있기 때문입니다. 다시 말해, 하나님이 행하신 일인 '부활'을 바라보면 그 놀람이 자기 삶에 놀람 행진곡으로 최고의 놀람의 감격과 기쁨으로 나가게 되지만, 여인들은 '자신에게 일어난 죽음과 연결된 어떤 것' 즉 흰옷 입은 천사를 본 것과 또한 예수님의 시신이 사라진 것을 바라보니까 결국 극도의 두려움과 공포에 붙들리게 된 것입니다.

마찬가지로 우리의 놀람이 우리 자신에게 그리고 죽음에 연결되면 우리는 그 놀람으로 인해 무기력하고, 무책임하게 변질되지만, 반대로 하나님이 우리에게 행하신 일에 대해 놀람으로 나갈 때 우리의 삶에 생명의 역사가 시작되는 것입니다.

놀람 행진곡

마가복음은 놀람 행진곡으로 쓰인 서신입니다. 마가복음 전체에서 '놀람'이라는 단어를 무려 15번이나 반복해서 사용되고 있습니다. 대신 그 놀람이라는 단어가 상황에 따라 조금씩 다르게 나타나고 있지만 모두 예수님의 '사역'이나 '말씀'과 연결되어 있습니다. 그래서 많은 사람이나 특히 예수님의 제자들이 예수님이 하시는 사역과 말씀을 통해 놀라고 있습니다.

말씀대로 이루어진 부활

오늘 본문에서도 천사의 입을 통해 마가는 놀람의 메시지를 들려줍니다.

> 가서 그의 제자들과 베드로에게 이르기를 예수께서 너희보다 먼저 갈릴리로 가시나니 전에 너희에게 말씀하신 대로 너희가 거기서 뵈오리라 하라 하는지라 (막 16:7).

그것은 이 부활 사건이 "이미 말씀하신 대로 이루어진 사건"이라는 것입니다. 다시 말해, 부활 사건은 우연히 일어난 사건이 아니라 성경에서 이미 예언한 사건의 성취이며 또한 예수님이 미리 말씀하신 것에 대한 성취로서의 일어난 사건이라는 것입니다. 이것이 중요한 이유는 예수님의 죽음과 부활이 모두 하나님의 계획하심 안에 있다는 것을 보여 주기 때문입니다.

결국, 제자들도 미리 말씀하신 것을 기억하지 못하니까 두려움에 빠져 있고 또한 오늘 본문에 나오는 여인들도 그 말씀을 기억하지 못하니까 놀라 떨며 두려움에 빠진 것입니다. 그리고 이 마가복음을 받는 원 독자들도 이 말씀을 믿지 못하니까 지금 그들의 삶이 죽음 행진곡을 부르며 두려움과 공포에 질려 살아가고 있습니다. 그리고 우리도 마찬가지입니다. 주님이 이미 우리에게 죽음 이후에 부활이 있다고 말씀하셨지만, 그것을 기억하지 못하고 믿지 못하니까 두려워하고 염려하고 불안해하는 것입니다.

비록 지금 우리의 삶이 죽음에 묶여 여전히 고통스럽고 힘들어도 우리가 반드시 기억해야 하는 것은 주님이 '말씀하신 대로 부활하셨다'라는 것입니다.

이것이 부활 신앙입니다. 이 부활 신앙을 가지게 되면 우리는 우리가 지금 맞이하고 있는 죽음과 같은 문제 앞에서도 두려워하며 도망칠 이유가 없습니다. 왜냐하면, 우리는 반드시 말씀대로 부활하기 때문입니다. 이 믿음을 붙들어야 우리는 놀람 행진곡을 부르며 부활을 향해 나갈 수 있습니다.

현재형의 부활

그런데 더 놀라운 놀람의 소식은 이 부활이 '현재형'이라는 것입니다. 이미 말씀하신 부활 사건이 지금 보이고 들려졌습니다. 이것이 우리에게 놀람이 되어야 합니다.

> 청년이 이르되 놀라지 말라 너희가 십자가에 못 박히신 나사렛 예수를 찾는구나! 그가 살아나셨고 여기 계시지 아니하니라 보라 그를 두었던 곳이니라 (막 16:6).

천사가 여인들에게 부활의 메시지를 전해줍니다. '그가 살아나셨다'라는 것입니다. 그리고 부활의 증거를 보여 줍니다. '그를 두었던 곳을 보라'고 말합니다. 이 말은 예수님의 시신을 두었던 그 자리가 비어있다는 것을 보여 주는 것입니다. 다시 말해, 부활에 대한 확실한 증거와 메시지를 들려준 것입니다. 지금 여인들의 눈앞에서 증거를 보았고 그들의 귀에 예수가 부활하셨다는 사실이 들려졌습니다.

다시 말해, 부활의 메시지와 증거가 현재형으로 들려지고 있다는 것입니다. 여인들에게 천사를 통해 부활의 소식이 보이고 들려졌다면 오늘 우리에게는 설교자의 입이나 우리가 읽고 있는 성경 말씀을 통해 부활이 보이고 들려지고 있습니다. 중요한 것은 이 부활이 현재형으로 우리에게 다가와야 우리에게 놀람이 됩니다.

어느 한 시인이 시골길을 가다가 행복한 얼굴로 열심히 일하는 중년 부인을 보았습니다. 그래서 인사를 나누면서 말했습니다.

"안녕하세요. 부인의 얼굴이 너무 환해 보이십니다.

좋은 일이 있으신가 보죠?"

이렇게 묻자 부인은 미소를 띠며 대답했습니다.

"선생님, 저는 한 가지 사실만 알고 있습니다. 그것은 예수 그리스도께서 나를 위해 죽으셨다가 부활하셨다는 소식입니다. 그것이 저를 매일 행복하게 만듭니다."

그러자 그 시인이 말합니다.

"부인, 그것은 오래된 소식입니다. 그런데 부인에게는 그것이 새로운 소식이군요. 그래서 당신에게 정말 좋은 소식이 되고 있군요" 라고 말했다고 합니다.

부활의 소식은 오래된 소식이 분명하지만 만일 우리에게 새로운 소식 즉 놀람의 소식이 된다면 그것이 우리에게 복된 소식이 되고 우리의 삶에 능력이 되는 놀람의 소식이 되는 것입니다.

부활과 연결된 삶

저술가이자 화가인 조니 에릭슨은 17살이 되었을 때 다이빙을 하다가 머리를 바위에 부딪쳐서 목 아래가 부러져서 하반신마비가 되고 말았습니다. 조니 에릭슨은 목 아래부터 전신이 마비되어 자살을 생각할 정도로 깊은 절망에 빠졌습니다만 그는 그때 예수 그리스도를 만나게 되었습니다.

절망으로 고통스러울 때 조니 에릭슨은 성경 말씀을 읽다가 자기처럼 움직이지 못하고 무력하게 마비된 채 십자가에 달리신 예수님에 대한 환상을 보게 됩니다. 저렇게 예수님도 나처럼 수족을 다 십자가에 못 박히고 절망에 처했어도 예수그리스도는 포기하지 않으셨고 사흘 만에 부활한 것을 바라보며 그의 마음에도 이런 꿈이 생겨났습니다.

> 내가 비록 예수님 십자가에 못 박힌 것처럼 목 외에 모든 수족이 다 마비되고 움직일 수 없지만, 장차 나는 부활할 것이다. 내 말라빠진 손가락은 다시 살아날 것이고, 힘없는 다리는 다시 힘을 얻게 될 것이고, 메마른 가슴에는 소망이 넘쳐나고, 그리스도와 더불어 부활해서 영원한 영광을 누리게 될 것이다.

그렇게 자신의 삶을 죽음과 연결하지 않고 부활에 대한 소망으로 연결하니까 삶에 대한 소망이 생기기 시작했습니다. 그리고 자신이 무엇을 할 수 있을지를 찾다 입으로도 그림을 그릴 수 있다는 것을 알게 되어 그는 구족화가가 되기로 하고 다시 그림을 그려 부활의 주님을 증거 했습니다.

부활 사건은 당연한 것이 아니라 놀람의 사건입니다. 과거형이 아니라 현재형입니다. 그러나 우리는 나도 모르는 사이에 부활 사건이 당연한 것처럼 느껴지고 과거형으로 느껴지면서 부활을 믿지 못하고 받아들이지 못해 놀라지 못할 수도 있습니다.

그러므로 다른 것에 놀라지 말고 주님이 우리를 위해 부활하셨다는 것과 우리에게 들려지고 보인 빈 무덤과 부활의 증언을 듣고 우리 안에 영적 놀람이 회복되어야 합니다. 그럴 때 놀람 행진곡을 부르며 하나님이 내 삶에 행하실 놀라운 역사에 놀랄 준비를 하며 걸어갈 수 있게 되는 것입니다.

여인들에게 주신 은혜

그런데 더 놀라운 놀람의 소식이 있습니다. 그것은 여전히 죽음 행진곡을 부르며 죽음에 대한 두려움과 공포로 살아가는 우리를 주님이 부활의 증인으로 불러 주셨다는 것입니다. 여인들에게 천사가 말합니다.

> 가서 그의 제자들과 베드로에게 이르기를 예수께서 너희보다 먼저 갈릴리로 가시나니 전에 너희에게 말씀하신 대로 너희가 거기서 뵈오리라 하라 하는지라 (막 16:7).

이 여인들에게 "가서 전하라"고 말씀하시는 대상이 '예수의 제자들과 베드로'입니다. 특히, 다른 복음서에는 기록되어 있지 않은 '베드로'를 콕 집어서 언급하고 있는 것은 지금 그에게 예수님의 부활의 소식이 절실하게 필요하기 때문입니다. 또한, 죽음에 붙들려 살아가는 제자들에게 예수 부활의 소식이 간절하게 필요하기 때문입니다.

특히, 베드로는 예수님의 경고하심에도 세 번이나 주님을 부인하며 영적인 권위, 영적인 야성 그리고 주님을 향한 사랑마저도 무너졌습니다. 비록 예수님의 제자들이 여인들보다 더 능력 있고 더 예수님과 많은 시간을 함께했고 어떻게 보면 예수님에 대한 더 다양한 지식을 가지고 있었지만, 여인들이 그들에게 가서 전해야 하는 이유는 지금 그들이 부활의 흔적과 증거를 받았기 때문입니다.

나 같은 사람도 전할 수 있을까?

> 여자들이 몹시 놀라 떨며 나와 무덤에서 도망하고 무서워하여 아무에게 아무 말도 하지 못하더라(막 16:8).

그러나 아직 여인들은 자신들에게 일어난 이 놀라운 부활의 사건을 아무에게도 그리고 아무 말도 하지 못하는 상태에 있었습니다. 그런데도 그들은 가야 했습니다. 왜냐하면, 그들이 가지 않으면 죽음에 묶여 절망하고 좌절하는 영혼들이 고통 가운데 머물러야 하기 때문입니다. 나의 형편과 조건 그리고 자격에 구애되지 말고 우리는 가서 주님의 부활 소식을 전해야 합니다.

물론 나 같은 사람이 어떻게 그들에게 갈 수 있는가 하는 염려도 들 수 있지만, 부활의 증인은 내가 보고 들은 것을 전하는 것입니다. 순종함으로 가게 되면 우리를 통해 하나님의 역사가 시작됩니다. 나는 몰라도 우리 앞에는 정말 간절하게 그리고 가장 절실하게 이 소식을 기다리고 있는 사람들이 있습니다. 내가 가서 전해야만 그들의 어둠이 물러가고 다시 빛 가운데 나올 수 있습니다.

부활 행진곡을 부르며

기숙학교에서 생활하던 '마나시'라는 12세의 중국 소년이 있었습니다. 휴일을 맞아 자기 집으로 돌아갔는데 그는 중국 본토 목사의 아들이었습니다. 그가 아버지의 집 문 앞에 서 있을 때 그를 향해 달려오고 있는 한 사람을 발견했습니다. 그 사람은 이교도로서 정신없이 예수쟁이-목사-를 찾고 있었습니다. 그 소년은 자기 아버지가 출타했다고 일러 주었습니다. 그러나 그 사람은 실망하면서 자신이 다급하게 찾아온 경위를 설명하였습니다.

이교도 친구의 며느리에게서 귀신을 쫓아내기 위해 "거룩한 사람"을 보내 달라는 부탁을 전하려고 수 마일 밖에 있는 이교도 마을에서 왔다는 것이었습니다. 그 젊은 부인은 귀신이 들려서 헛소리를 지껄이고 욕설까지 퍼부으면서 머리카락을 풀어 헤치고 얼굴을 할퀴며 옷을 찢고 가구를 부수고 음식을 담긴 그릇까지 팽개친다는 슬픈 사연을 마구 쏟아 놓았습니다. 하지만 소년은 냉정하게 다시 말합니다. "아버지께서 지금 집에 안 계십니다."

그러자 그 남자가 필사적으로 말합니다.

"당신도 예수쟁이가 아닙니까?

당신이 가주지 않겠습니까?"

그 말에 놀람과 망설임의 순간도 잠깐이었고 소년은 그 간곡한 청탁을 하나님의 부르심으로 여기고 승낙했습니다. 그 이교도는 말안장 위로 뛰어올라 그리스도인 소년을 자기 뒤에 끌어 올리고는 쏜살같이 달려갔습니다. 마나시는 능력과 자비의 하나님께 자신을 내어 맡기고 하나님께 도움을 구했습니다.

그리고 현장에 도착했을 때 가족 중에 몇 사람이 완력으로 발악하는 여자를 침대에 묶는 것을 보았습니다. 바깥마당에서 들리는 발걸음 소리를 듣자마자 그 여인이 소리쳤습니다.

"모두 비켜라. 나는 도망가야 한다. 나는 피해야 한다. 예수쟁이가 오고 있다. 난 그를 이길 수 없다. 그의 이름은 마나시다."

마나시는 방에 들어가서 의례적인 인사를 드린 후에 무릎을 꿇고 하나님께 기도하기 시작했습니다. 그리고 찬양을 부르기 시작했습니다. 그리고는 '부활하신 주님의 이름으로 귀신은 그 사람에게서 나오라'고 명령했습니다. 그러자 즉시로 그 부인은 지쳐 엎드러지면서 조용해졌습니다. 그리고 그날부터 그녀는 완전히 회복되었습니다.

연약하고 경험도 없는 한 소년이었지만 부활의 주님을 믿고 부활의 주님이 필요한 자에게 담대하게 나갔더니 부활의 능력이 죽어 가는 한 부인에게서 일어났습니다. 이제 부활 증인의 사명이 지금 나에게 주어졌습니다. 비록 무기력하게 아무에게, 아무 말도 못 하며 두려움 가운데 살아가는 우리의 모습이지만 주님은 바로 우리에게 이 일을 부탁하셨고 죽음 가운데 있는 그리고 죽음 행진곡을 부르며 죽음을 향해 걸어가는 수많은 사람에게 이 부활의 소식을 전하기를 원하십니다. 그래야 죽어 가는 영혼이 내가 전하는 부활의 소식으로 인해 다시 살아날 수 있기 때문입니다.

새로운 목적지 그리고 새로운 삶

죽음 행진곡으로 나갈 때 우리의 목적지는 무덤이었고 십자가에 못 박힌 예수님이 우리의 대상이었지만, 놀람 행진곡을 부르며 부활을 향해 나가게 될 때 우리에게는 새로운 목적지 그리고 새로운 삶의 목적을 가지고 살아갈 수 있게 됩니다. 이제 우리는 우리에게 일어난 일로 두려움과 공포에 질려 도망치지 말고, 주님이 우리에게 행하신 일로 인해 놀람 행진곡을 부르며 나가야 합니다.

전에 말씀하신 대로 부활이 이루어졌고 또 우리의 삶에도 이 부활의 역사가 일어날 것입니다. 그러므로 지금 내 눈앞에 보이고 들려진 부활의 증거로 인해 우리는 놀람을 회복해야 합니다. 하나님이 우리를 위해 행하신 일인 이 놀라운 부활의 소식을 주목해야 합니다.

나 같은 사람을 통해 하나님이 부활의 소식을 전하기 원하신다는 것에 놀라며 이제 우리는 모두 놀람 행진곡을 부르며 담대하게 나가야 합니다. 지금도 죽음에 묶여 죽음 행진곡을 부르며 달려가는 사람들에게 부활의 기쁜 소식을 전해야 합니다. 죽음 행진곡을 넘어 이제 놀람 행진곡을 부르며 주님의 부활을 증거하며 부활의 증인으로 살아갑시다.

제11장

부활이 실력이다

거짓말로 핑계 대고 결근했던 부하 직원에게 사장이 묻습니다.
"자네 혹시 부활이란 것을 믿나?"
그러자 직원이 "아뇨. 사장님! 왜 그러세요?"
그러자 사장이 말합니다.
"자네, 지난주에 장모님 돌아가셨다고 결근했지?
장모께서 부활하셨네. 자! 자네 장모님 전활세!"
이렇게 전화를 건네주더라는 것입니다.
갑자기 돌아가셨던 장모님이 부활하신 걸까요?
아니면 거짓말을 한 것일까요?
한 노부부가 성지 순례차 고향 땅 이스라엘을 찾았습니다. 태어난 곳은 이스라엘이었지만 그들이 사는 곳은 미국이었습니다. 그런데 갑자기 아내가 심장 마비로 숨을 거두고 말았습니다. 남편은 장의사를 찾아 시신 처리와 장례 절차를 물었습니다. 장의사는 두 가지 방법을 제시했습니다. 하나는 하나님이 주신 약속의 땅에 묻히면 축복도 받고 비용도 150달러면 충분하다는 것입니다.

그러나 다른 한 방법은 시신을 방부 처리해 미국으로 공수하는 방식인데, 절차도 번거롭고 비용도 오천 달러나 된다는 것이었습니다. 노인은 망설이다 결심했습니다. 비싸더라도 미국으로 시신을 옮겨 묘지에 묻겠다는 것이었습니다. 그러자 그 장의사가 물었습니다.

"아내를 너무 사랑해서 아내를 먼 곳에 묻어 자주 보지 못할까 그러십니까?"

그러자 그 사람이 이렇게 대답하였습니다.

"아니요. 유대 땅에 묻었다가 그 옛날 그 누구처럼 아내가 다시 부활하면 어떡합니까?"

한마디로 아내의 부활을 원하지 않는다는 말입니다.

부활에 대해 당신의 생각은 어떠합니까?

부활이 실력이 되지 못하는 이유

기독교의 가장 중요한 신앙의 핵심은 '십자가와 부활'입니다. 그러나 어떻게 보면 가장 삶으로 다가오지 않고 또한 삶에서 실천되지 않는 부분이 '십자가와 부활'의 영역입니다. 그렇다고 부활을 믿지 않는 것도 아닙니다. 분명히 부활은 믿지만, 부활 신앙으로 살아가지 않습니다.

그렇다면 왜 우리는 부활 신앙으로 살아가지 못할까요?

그 이유는 '부활'이라는 개념을 종말론적인 죽음과 연결해 죽음 이후에 일어나는 미래 사건으로 이해했기 때문입니다. 그러다 보니 부활의 영향력이 지금 당장이 아닌 먼 미래로 제한되었습니다. 그러기에 미래적인 부활은 믿지만, 현재 우리의 삶에 지금 나타날 부활은 믿지 않는 것입니다.

마르다라는 여인이 있었습니다. 그녀는 지금 오라비의 죽음으로 깊은 절망과 슬픔 가운데 빠져 있습니다. 예수님이 찾아오셔서 죽은 나사로가 다시 살아날 것을 말씀하셨습니다.

그러나 마르다는 그 말씀을 이렇게 이해를 합니다.

> 마르다가 이르되 마지막 날 부활 때에는 다시 살아날 줄을 내가 아나이다 (요 11:24).

마르다가 가지고 있었던 부활 신앙은 마지막 날에 일어날 종말론적인 부활에 대한 믿음이었습니다. 이것은 그 당시 유대인들이 가지는 종말에 대한 부활 신앙에 근거한 것입니다. 그리고 마르다의 고백은 미래에 일어날 부활 신앙이 지금 현재는 일어날 수 없는 사건이라고 생각했습니다.

우리도 마르다처럼 부활에 대한 오해를 가졌는지도 모르겠습니다.

미래에 일어날 부활에 대한 믿음은 있지만 지금 내 앞에 다가온 죽음과 같이 힘들고 어려운 문제 앞에 부활은 무기력하다고 생각하는 것입니다.

왜냐하면, 부활을 미래 사건으로만 이해하기 때문입니다. 그래서 지금 우리가 만나는 수많은 현실에는 전혀 사용할 수 없는 무기력한 것이 바로 부활 신앙이 되고 말았습니다. 그래서 예수님은 마르다에게 부활 신앙이 어떤 것인지를 말씀해 주십니다.

> 예수께서 이르시되 나는 부활이요 생명이니 나를 믿는 자는 죽어도 살겠고 무릇 살아서 나를 믿는 자는 영원히 죽지 아니하리니 이것을 네가 믿느냐 (요 11:25-26).

예수님 자신이 부활이고 생명의 시작이기에 예수님을 믿는 자에는 지금 그 부활이 현실로 다가온다는 것을 말씀하시는 것입니다. 지금 네 눈앞에 있는 내(예수)가 부활이고 내가 생명을 줄 수 있는 존재라는 것을 알려 주는 것입니다. 그리고 "나를 믿는 자는 죽어도 살겠고"라는 말씀에서 '나를 믿는 다'는 것은 부활이요 생명이신 주님과 '연결되면' 다시 말해, '연합되면'이라는 의미입니다.

그러면 '죽어도 살겠고' 즉, 우리의 삶에 다가오는 죽음의 문제 앞에서도 살게 된다는 것을 말씀하십니다. 이것은 미래 부활에 대한 말씀입니다. 주님과 연결되면 우리에게 미래 부활 즉, 종말론적 부활이 주어진다는 것을 알려 주시는 것입니다.

그리고 "무릇 살아서 나를 믿는 자는 영원히 죽지 아니하리니" 여기서 말하는 '살아서 주님을 믿는다는 것'은 부활을 현재로 가져오는 신앙을 의미합니다. '살아서 주님을 믿는다는 것'은 지금 주님과 연결되어 이 부활 신앙을 지금 현재로 가져와서 사는 자는 영원히 죽지 않는다는 것입니다. 지금부터 영원까지 생명과 부활이신 주님이 우리의 삶을 인도해 주신다는 말씀입니다. 이것이 부활 신앙입니다. 다시 말해, 부활은 미래 종말적인 부활과 지금 우리가 누려야 할 현재적 부활을 다 포함하는 개념입니다.

그런데 우리는 미래 부활만 부활로 인정하다 보니 지금 우리의 삶에서 누릴 수 있는 현재적 부활을 잃어버리고 말았습니다. 살아서 믿는 자들이 이 땅에서 경험하고 누리게 되는 부활의 삶을 우리는 무시하고 외면했던 것입니다.

그러나 이 부활의 기본적인 전제는 '믿음'이고 믿음은 주님과 연결되어 연합되는 삶을 의미합니다. 그러면 우리는 부활을 지금 우리의 삶의 자리에서 누릴 수 있고 그러면 부활 신앙이 우리의 삶에 실력으로 나타나게 됩니다. '실력'이라는 단어는 '실제로 가지고 있는 힘이나 능력'을 의미하는 단어입니다. 다시 말해, 부활은 우리의 머릿속에 숨어 있는 지식의 한 부류가 되어서는 안 되고 우리의 실제 삶에서 능력과 힘이 되어야 합니다.

부활 신앙이 우리의 삶에 실력이 되어야 합니다. 저 멀리 미래에 일어날 사건으로 부활을 이해하여 지금 우리의 삶과 전혀 상관이 없는 부활 신앙이 아닌 우리의 삶에 실제적인 힘과 능력으로 나타나야 합니다.

그러면 어떻게 해야 부활이 실력이 되는 삶을 살 수 있을까요?

죽음과 맞닿은 돌을 옮겨라!

우리의 삶에서 부활 신앙이 실력이 되기 위해서는 주님이 말씀하신 것처럼 먼저 '돌'을 옮겨놓아야 합니다. 여기서 말하는 '돌'은 무덤 입구를 가로막고 있는 돌을 의미합니다. 이 돌은 한쪽은 생명의 영역에, 그리고 다른 한쪽은 죽음의 영역에 머물러 있는 돌입니다. 죽음과 맞닿아있는 돌이기에 사람들은 이 돌이 부담스럽고 두렵습니다.

또한, 이 돌이 너무 무겁고 육중해서 옮기는 것을 부담스러워합니다. 그래서 이 돌로 말미암아 나사로와 같이 죽은 자들이 영원히 죽음의 영역에 머물게 되는 것입니다. 다시 말해, 이 돌이 옮겨지지 않고는 나사로와 같이 죽은 자가 부활을 경험할 수 없는 것입니다.

예수님의 무덤 앞에 선 여인들도 이 돌을 보며 그와 같은 고민과 탄식을 하고 있습니다.

> 누가 우리를 위하여 무덤 문에서 돌을 굴려 주리요 (막 16:3).

어떻게 보면 죽음과 맞닿은 인생의 돌은 우리가 모두 경험하는 문제이며 이 돌로부터 우리의 삶에 수많은 문제가 시작되는 것입니다. 우리의 삶에도 죽음과 맞닿은 수많은 돌이 있습니다. 그것은 죽음과 맞닿은 사고방식, 죽음과 맞닿은 감정과 행동, 그리고 죽음과 맞닿은 말과 행동으로 나타나게 됩니다.

그래서 우리는 죽음과 맞닿은 사고방식으로 포기하고 절망하고 낙담하고 우울해합니다. 죽음과 맞닿은 감정으로 슬퍼하고 애통하고 두려워하고 염려하고 불안해합니다. 죽음과 맞닿은 우리의 언어는 '안된다, 할 수 없다, 죽었다, 죽고 싶다, 죽겠다'라고 말합니다. 이 모든 것이 다 죽음과 맞닿은 돌에서 시작된 결과들입니다.

마르다의 사고방식과 감정, 그리고 그녀의 말과 행동 가운데도 이러한 죽음과 맞닿은 돌의 모습이 보입니다. 주님이 "돌을 옮겨 놓아라'고 말씀하시지만 마르다는 두 가지 이유를 말합니다. 하나는 죽은 지가 나흘이 되었고, 또 한 가지는 벌써 냄새가 난다는 것입니다. 이미 나흘이 되었다는 말은 '완전히 죽어서 이제는 희망이 없다'는 그의 고정 관념에서 나온 말입니다.

일반적으로 어떤 사람이 죽게 되면 바로 장사지내지 않고 사흘을 기다립니다. 그것은 죽은 자의 영혼이 사흘 동안 무덤에 돌아와 다시 살아날 수 있다는 믿음 때문입니다. 그러나 사흘 동안 그런 일이 일어나지 않았다면 이제는 완전히 죽은 것이 됩니다. '나흘이 되었다'는 말은 완전히 죽었고 희망이라고는 없다는 것을 의미합니다. 그리고 '벌써 냄새가 난다'라는 말은 시체가 썩어가고 있고 부패하고 있다는 말입니다. 다시 말해, 이제는 가능성이 전혀 없다는 완전한 절망을 말하고 있습니다.

지금 마르다의 사고방식과 그의 감정과 행동 그리고 그가 사용하고 있는 언어는 죽음과 맞닿아 있는 돌로 꽉 막혀 있습니다. 그의 생각과 말과 행동은 '절망'에서 시작되고 있고, 그녀가 사용하고 있는 이 절망의 언어들은 죽음과 맞닿은 사고방식에서 출발하고 있습니다. 결국, 그녀의 말을 통해 그녀의 언어 습관이 이미 죽음과 맞닿아 있다는 것을 발견하게 됩니다.

당신은 어떻습니까?

죽음과 같은 상황 속에 갇혀 살아가면서 우리의 사고방식과 언어 습관, 우리의 감정과 행동이 죽음의 영역을 드러내고 있지 않습니까?

슬퍼하고 염려하고 원망하고 미워하며, '할 수 없다, 안 된다, 희망이 없다'와 같은 감정과 언어는 죽음과 맞닿아 있는 돌의 흔적입니다. 그러한 돌들을 치우지 않으면 부활 신앙을 실력으로 가져올 수 없고 부활의 삶을 현재형으로 경험할 수 없습니다. 그래서 우리에게 필요한 것이 죽음과 맞닿아 있는 우리 인생의 수많은 사고방식과 언어, 감정과 행동의 돌들을 치워버리는 것입니다.

이것이 우리의 실력입니다. 부활 신앙이 실력이 되기 위해서는 죽음과 맞닿아 있는 우리의 삶의 모든 것들을 제거해야 합니다. 그래야 우리의 삶에도 부활의 빛이 비칠 수 있고 죽은 나사로가 살아 나오는 것처럼 우리의 삶에도 생명과 부활을 매일 경험할 수 있습니다.

믿음을 삶에 적용하기

가끔 하나님의 사람들 가운데 '적용 장애'를 가진 분들을 발견합니다. 분명히 하나님을 압니다. 그리고 하나님을 믿습니다. 그런데 그 믿고 아는 것을 삶 속에 적용하고 실천하며 살아가야 한다는 것도 압니다. 그러나 실제 삶에 적용하지 않고 아는 것만큼 실천하며 살아가지 못합니다.

왜냐하면, 믿는 것을 삶에 적용하는 능력이 부족하기 때문입니다. 아니 어떻게 보면 적용 장애를 앓고 살아가고 있기 때문입니다. 이 말은 다시 말해, 실천할 능력 즉 실력이 없다는 말입니다.

> 그러나 나는 이제라도 주께서 무엇이든지 하나님께 구하시는 것을 하나님이 주실 줄을 아나이다 (요 11:24).

마르다는 부활에 대한 '아는 신앙'을 가지고 있었습니다. 그런데 그녀가 주님의 말씀을 듣고 난 이후 고백이 바뀝니다.

> 이르되 주여 그러하외다 주는 그리스도시요 세상에 오시는 하나님의 아들이 신 줄 내가 믿나이다 (요 11:27).

그녀의 고백이 '아나이다'에서 '믿나이다'로 즉 아는 신앙에서 믿는 신앙으로 바뀌었습니다. 부활에 대해 알고 있었습니다. 부활에 대한 믿음도 있었습니다. 그리고 예수님이 그리스도라는 사실도 알고 있었습니다. 그런데 "돌을 옮겨 놓아라"는 주님의 말씀에 죽은 지가 나흘이나 되었고 냄새가 나기 때문에 안 된다고 말하고 있습니다.

왜 이런 일이 일어날까요?

믿지만 자신이 믿고 있는 것을 삶에 적용하는 능력이 부족하기 때문입니다. 즉, 믿는 것이 자기 삶에 실력이 되지 못하기 때문입니다.

그런데 믿는데도 왜 그 믿음이 실력이 되지 못하고 삶에 적용하지 못할까요?

그 이유를 마르다의 말속에서 찾을 수 있습니다.

> 마르다가 예수께 여짜오되 주께서 여기 계셨더라면 내 오라버니가 죽지 아니하였겠나이다 (요 11:21).

주님이 오셨을 때 마르다가 처음 했던 고백입니다. 이 말의 의미는 단순한 원망이나 아쉬움의 고백이 아닙니다. 마르다의 믿음이 드러나는 것입니다. "예수님이 여기 계셨더라면"이라는 고백은 주님이 병자를 살리고 고칠 수 있다는 믿음입니다. 그래서 주님이 죽기 전에 오셨다면 자신의 오라비를 고칠 수 있었다는 고백입니다. 그런데 자신의 오라버니 죽음을 경험하고 난 이후 마르다가 하는 이 말은 주님은 병자는 고치실 수 있지만 죽은 자는 절대 고칠 수 없다는 믿음을 보입니다.

이것은 그리스도만으로 우리 인생의 모든 문제를 풀어가기에 충분하지 않다는 믿음입니다. 그래서 그의 믿음이 자기 삶에 적용되지 못하고 있는 것입니다. 우리도 자주 예수님을 믿는다고 하면서도 그리스도만으로 충분하지 못하다고 믿습니다. 우리의 믿음이 실력이 되지 못하는 이유가 바로 여기에서 출발합니다.

예수님으로 충분합니다(Jesus is Enough)

그러나 예수님이 우리의 그리스도가 되시는 것으로 우리의 삶은 충분합니다. 여호와 하나님이 우리의 목자가 되시는 것으로 우리는 충분합니다. 주님은 말씀하십니다.

> 예수께서 이르시되 내 말이 네가 믿으면 하나님의 영광을 보리라 하지 아니하였느냐 하시니 (요 11:40).

"네가 믿으면"이라는 말은 미래적 부활과 현재적 부활을 이룰 수 있는 부활 그 자체이시며 생명 그 자체이신 주님으로 충분하다는 믿음을 말합니다. 다시 말해, 주님을 믿는다면 그 믿음을 증명해 보이라는 것입니다. 그래야 지금 눈앞에서 하나님의 영광을 보게 된다는 말입니다.

'하나님의 영광'이란 죽은 나사로가 지금 살아나는 것을 의미합니다. 이것은 믿음을 삶에 적용하며 사는 자가 누리게 되는 미래적인 부활이 지금 현실에서 경험하게 되는 부활을 의미합니다.

이것이 우리의 실력입니다. 오늘 하나님이 우리에게 요구하시는 실력은 주님만으로 우리의 모든 삶이 충분하다는 믿음입니다. 그 믿음을 삶으로 적용해야 하나님의 영광을 보게 됩니다. 믿음은 실천되어야 합니다. 적용되어야 합니다. 그럴 때 그것이 우리의 실력이 되어 부활을 우리의 눈앞으로 끌어당길 수 있게 됩니다. 믿으면 의심하지 말고 그 믿음을 세상 가운데 보이십시오. 예수 그리스도만으로 충분합니다.

믿음으로 부활을 선포하기

부활 신앙이 실력이 되기 위해서는 마지막 한 가지 행위가 더 일어나야 합니다.

> 이 말씀을 하시고 큰 소리로 나사로야 나오라 부르시니 (요 11:43).

그것은 요한복음 11장 43절 큰소리로 부활을 선포하는 것입니다. "나사로야 나오라"

이 믿음의 선포는 부활 신앙을 우리의 실력으로 만드는 중요한 역할을 하게 됩니다.

그러나 우리의 삶은 죽음을 향해 믿음으로 선포하는 것에 두려움을 가집니다. 혹시라도 죽은 자가 나오지 않을까 하는 두려움이 있습니다. 분명한 것은 믿음으로 선포할 때 죽은 자가 살아나는 것은 하나님의 주권적인 영역입니다. 살아나지 않는 것을 두려워하지 마십시오.

우리의 역할은 믿음으로 선포하는 것이지 살아나게 하는 것이 아닙니다. 대신 우리가 믿음으로 선포할 때 죽은 자가 살아나든지 아니면 우리 마음속에 죽음의 영이 사라지고 부활의 영으로 가득 차게 되든지 하나님이 원하시는 결과가 나타나게 될 것입니다. 그래서 우리는 믿음으로 선포해야 합니다.

그런데 우리는 이런 생각을 가질 수 있습니다.

'예수님이시니까 '나사로야 나오라'고 말씀하실 때 나오는 거지, 우리 같은 사람은 안 될 거야.'

그러나 믿음으로 그리스도 예수와 연합된 우리는 이미 주님으로부터 부활의 능력을 받은 자들입니다. 그래서 예수님의 제자였던 베드로가 죽은 다비다를 향해 믿음으로 선포할 때 기적이 일어났던 것입니다.

> 베드로가 사람을 다 내보내고 무릎을 꿇고 기도하고 돌이켜 시체를 향하여 이르되 다비다야 일어나라 하니 그가 눈을 떠 베드로를 보고 일어나 앉는지라(행 9:40).

여호수아가 거대한 여리고성 앞에서 백성들과 함께 '믿음으로 외쳤을 때' 성이 무너졌습니다. 에스겔이 소망이 없는 죽어버린 마른 뼈를 향해 믿음으로 외쳤을 때 마른 뼈가 살아나는 부활을 경험했습니다. 이 모든 하나님의 역사가 바로 믿음의 선포에서부터 시작된 것입니다. 그러므로 우리는 죽음과 같은 삶의 상황에서도 부활을 선포해야 합니다. 믿음으로 선포해야 합니다. 그럴 때 우리는 하나님의 영광을 보게 될 것입니다.

어느 마을에 꽃을 파는 할머니가 있었습니다. 그 할머니는 가난했고 복장은 허름했으며 얼굴에 주름이 깊게 패 있었습니다. 얼마나 고생을 많이 했는지 할머니의 손은 거칠었고 볼품이 없었습니다. 그러나 그 할머니의 얼굴에는 항상 행복한 웃음꽃이 활짝 피어 있었습니다. 그래서 사람들은 그 할머니를 '행복한 할머니'라고 불렀습니다. 어느 날 어떤 사람이 그 할머니에게 물었습니다.

"할머니는 늘 웃고 지내시는 것을 보니 걱정 근심이 전혀 없으신가 봐요?"

그러자 할머니는 특유의 밝은 웃음을 지으면서 이렇게 말했습니다.

"이 나이에 어찌 좋은 일만 있겠습니까?

"그러나 나에게는 삼일의 비밀이 있습니다."

그러자 그 사람이 묻습니다.

"삼일의 비밀'이 무엇이죠?"

그러자 할머니는 이렇게 대답합니다.

"문제가 생길 때마다 하나님께 그 문제를 해결하시도록 맡기고 조용히 3일을 기다리는 것입니다."

그리고 '삼일만 기다리자'를 믿음으로 선포했습니다. 예수님이 무덤에서 3일 만에 부활하신 것처럼 그 문제가 해결되는 데는 3일이면 족하다는 믿음입니다.

물론 숫자대로 삼일이 아닐 수도 있지만, 주님의 부활 원리는 늘 동일합니다. 그래서 할머니에게는 어떤 암흑 같은 고난이 와도 삼일 후면 언제나 광명의 빛이 찾아온다는 것을 알기에 웃을 수 있는 것입니다.

부활 신앙이 우리의 실력이 되었으면 좋겠습니다. 미래에 일어날 부활을 지금 우리의 삶의 자리로 가져오는 것이 실력입니다.

그러기 위해서는 다음 세 가지가 필요합니다.

첫째, 죽음과 맞닿은 돌을 옮기는 능력입니다.
둘째, 믿는 대로 삶에 적용하는 능력입니다.
셋째, 믿음으로 부활을 선포하는 능력입니다.

다시 죽을 나사로를 살리신 이유

그렇다면 왜 예수님이 죽은 나사로를 살리셨을까요?
실제로 살아난 나사로는 또 죽을 수밖에 없습니다.
그런데 왜 주님은 굳이 수고롭게 그를 다시 살리시는 부활을 경험하게 하셨을까요?
완전한 부활은 미래에 일어날 사건이지만 지금 우리의 삶에도 부활을 경험할 수 있다는 것을 주님은 보여 주시기를 원하셨습니다.

그래서 죽은 나사로를 살리심으로 미래적 부활을 지금 그 자리에서 일어나게 하신 것입니다. 이것을 믿었던 예수님의 제자들도 그리고 초대 교회 성도들도 이러한 부활 신앙으로 살아갔습니다. 힘들고 어려운 일을 만날 때마다 이 부활의 신앙으로 살아갔습니다.

그랬기에 그들에게 부활은 실력이었습니다. 삶에 다가오는 모든 문제를 이겨내는 원동력이 되었습니다. 비록 육신으로 핍박당하고 순교를 당했지만, 부활이 실력으로 살아갔던 그들은 담대하게 죽을 수 있었습니다.

이제 당신의 삶도 부활이 하나의 지식이 아니라 실력이 되어야 합니다. 부활이 실력이 되어 하나님의 영광을 삶의 자리에서 누릴 수 있기를 바랍니다.

제12장

부활을 온-택트(On-Tact)하라!

고린도전서는 주후 55년 바울이 3차 전도 여행 중 에베소에 머무는 기간 동안 작성한 서신입니다. 시기적으로는 예수님이 돌아가신 지 채 20년도 지나지 않은 때입니다. 그런데 그 당시 고린도 교회 안에 죽은 자에게 부활이 없다고 주장하는 자들이 생겨나기 시작했습니다. 이들은 아마도 부활이 이미 지나갔다고 주장하는 후메네오나 빌레도 같은 사람들이었을 것입니다(딤후 2:17-18).

> 그리스도께서 죽은 자 가운데서 다시 살아나셨다 전파되었거늘 너희 중에서 어떤 사람들은 어찌하여 죽은 자 가운데서 부활이 없다 하느냐(고전 15:12).

또한, 그 당시 고린도 교회 안에는 죽은 자 가운데 부활이 없다고 믿는 자들이 있었습니다. 그리스도의 몸의 부활을 믿지 않았던 것입니다. 그 당시 고린도 지역은 헬라 철학과 헬라 철학의 영향을 받은 영지주의의 영향으로 인해 영혼의 부활을 믿었지만, 몸의 부활을 믿지 않았습니다.

왜냐하면, 헬라인들은 '몸을 영혼의 감옥' 정도로 하찮게 생각하고 있었습니다. 그래서 죽음을 통해 영혼의 감옥인 몸에서 자유롭게 되었는데 굳이 부활을 통해 영혼이 다시 몸에 수감되는 것은 있어서도 안 되고, 있을 수도 없는 상식 밖의 일이라고 생각했습니다. 그래서 죽은 자의 부활 즉, 몸의 부활이 없다고 믿었던 것입니다.

결국, 그들은 부활을 믿었지만 부활을 부분적으로만 알고 믿고 있었습니다. 그래서 사도 바울은 죽은 자의 부활 즉, 몸의 부활이 없으면 그리스도의 부활도 없다고 강력하게 지금 말하고 있는 것입니다.

부활의 사실성

사도 바울은 부활이 명확한 사실이라는 것을 몇 가지 예를 들어 설명하고 있습니다.

첫째, 4절 "성경대로 사흘 만에 다시 살아나셨다."
부활 사건은 어느 날 갑자기 일어난 사건이 아니라 과거 수많은 선지자가 말했던 '예언의 성취로서의 사건'이기에 바울은 '성경대로' 예수님이 부활하셨다고 말합니다.

둘째, 5절 이하에 "보이셨고 보이셨다."
이 부활의 확실성은 수많은 부활의 증인들에게 나타났습니다. 예수님의 이너서클(Inner Circle)인 열두 제자뿐 아니라 오백여 형제, 야고보와 모든 사도 그리고 사도 바울에게까지 예수님이 나타나셔서 보여 주신 것입니다. 한두 사람의 증언이라면 의심하거나 무시할 수도 있지만 수많은 증인이 부활을 보았고 또한 증언하고 있기에 부활의 사실성은 부정할 수 없습니다.

셋째, 11절 나나 그들이나 즉, 보았던 증인들이 이같이 전파하였고 그리고 그 결과로 "너희가 믿었다."

부활 사건은 보았던 사람들의 입을 통해 전파되었는데 그들은 죽어 가면서도 자신이 보고 경험했던 예수 부활의 소식을 담대하게 전했습니다. 그 결과 직접 예수의 부활을 경험하지 못한 자들도 본 자들이 전파한 부활의 소식을 듣고 믿게 되는 놀라운 결과를 얻게 되었습니다. 이것 또한 부활의 사실성을 증명합니다.

이것은 예수님의 부활은 그 누구도 부정할 수 없는 사실이라는 것을 보여 줍니다. 옥스퍼드 대학교의 역사학 교수인 토마스 아놀드는 『로마의 역사』라는 책에서 그리스도의 부활 사건보다 더 완전한 증거에 의해 입증된 사건은 인류 역사에 하나도 없다고 증언했습니다.

그리스도의 부활이 없다면

만약 그리스도의 부활이 없다면 우리 인생의 삶은 다음의 세 가지 삶을 살아가게 됩니다.

껍데기 인생

그리스도께서 만일 다시 살아나지 못하셨으면 우리가 전파하는 것도 헛것이요 또 너희 믿음도 헛것이며 (고전 15:14).

특별히 원문에서는 "헛것"이라는 헬라어 단어가 서두에 나와 강조가 되고 있는데 이 말은 '공허한 것' 다른 말로 '비어있는 것' 그리고 '껍데기'를 의미합니다. 신앙의 알맹이인 부활이 사라지면 우리는 껍데기를 붙들고 살아가게 됩니다.

그러면 삶은 공허하고 허망하고 무엇인가를 기대하며 살아가지만 늘 비어있는 껍데기로 인해 좌절하며 사는 것입니다.

종노릇하는 인생

그리스도께서 다시 살아나신 일이 없으면 너희의 믿음도 헛되고 너희가 여전히 죄 가운데 있을 것이요 (고전 15:17).

부활이 없으면 우리의 죄 문제는 여전히 해결되지 못한 채 남아있게 됩니다. 부활이 없으면 죄의 용서와 구속도 무효가 되고, 생명의 구원도 사라지고 나아가 하나님과 화해도 불가능하게 됩니다. 다시 말해, 여전히 죄 가운데 살아가게 되고, 죄의 종노릇을 하며 살게 되고, 그래서 사망이 삶을 다스리고 통치하는 인생이 되고 맙니다. 왜냐하면, 죄의 삯은 사망이기 때문입니다.

결과적으로 죄에 종노릇 하며 살아가는 인생은 죽음에 대한 두려움과 죄의 고통을 벗어날 수 없습니다.

하루살이 같은 인생

> 만일 그리스도 안에서 우리가 바라는 것이 다만 이 세상의 삶뿐이면 모든 사람 가운데 우리가 더욱 불쌍한 자이리라 (고전 15:19).

부활이 없으면 우리가 바라는 것이 이 세상의 삶에 제한될 수밖에 없습니다. 그렇게 되면 그리스도께서 우리를 위해 행하신 구원도 무의미한 몸짓에 불과하게 되고 또한 죽음 이후에 주어지는 영원한 천국의 삶도 사라지고 마는 것입니다. 결국, 하루살이처럼 눈에 보이는 것이 삶의 전부라고 믿고 미래도 없고 소망도 없는 삶을 살아가게 되는 것입니다.

사도 바울은 이렇게 부활이 없는 인생을 "모든 사람 가운데 더욱 불쌍한 자"라고 부릅니다. 이 표현은 헬라어의 최상급 표현으로 '가장 불쌍한 자'라는 의미입니다. 부활을 믿지 못하고 부활을 부분적으로 믿고 살아가는 인생이 어떻게 보면 가장 불쌍한 인생입니다.

왜냐하면, 알맹이가 없는 껍데기를 붙들고 그것이 전부인 줄 알고 살아가기 때문입니다. 부활이 없다면 우리의 믿음도 헛된 것이 되고 또한 영원한 삶도 사라집니다. 마치 하루살이처럼 지금, 그리고 눈에 보이는 것만 바라보며 살아가는 안타까운 삶이 되고 마는 것입니다.

언택트(Untact) 신앙

코로나 시대를 살아가면서 새롭게 알게 된 단어 가운데 하나는 언택트(Untact)라는 말입니다. 언택트는 '비대면, 비접촉'을 의미하는 단어입니다. 바이러스의 전파를 차단하기 위해 비대면을 강조하다 보니 어느 순간 우리의 신앙생활도 '언택트'가 되어 버리고 말았습니다. 기독교 신앙은 터치의 종교입니다. 어린양의 피가 문설주와 인방에 터치되는 순간 죽음의 천사가 지나가는(Passover) 것입니다.

열두 해 혈루증 앓던 여인이 주님의 옷자락에 손을 대는 순간 그의 혈루 근원이 말라버렸습니다. 오순절 마가의 다락방에서 하나님의 성령께서 각 사람 위에 임하셨을 때 성령의 충만함을 받고 성령의 말하게 하심을 따라 다른 언어로 말하기 시작한 것입니다.

그런데 비대면의 시대에 언택트가 생활화되다 보니 우리의 부활도 언택트가 되고 말았습니다. 부활을 주어진 삶의 자리에서 전혀 느끼지 못하고 또한 부활 신앙으로 터치해야 할 필요성을 느끼지 못하는 것입니다.

그러다 보니 예수님을 믿는다고 하지만 부활의 능력도 경험하지 못하고 부활 신앙으로도 살아가지 못하는 일이 일어나기 시작했습니다. 부활은 신앙적인 결단이나 지식으로 아는 이해가 아닙니다.

또한, 부활절에 한 번씩 듣고 머릿속에 기억하는 '가두어진 지식'의 파편도 아닙니다. 그런데 부활이 머리로는 이해하지만, 삶의 현실 속에서는 전혀 경험되지 못하는 무기력하고 무능력한 것이 되고 말았습니다. 이것이 바로 언택트 신앙입니다. 그러다 보니 사망이 우리의 삶에 왕 노릇 하기 시작했습니다.

우리는 일주일 한 번씩 찾아오는 주일을 지킵니다. 구약의 안식일이 아닌 안식 후 첫날 즉, 주일을 지키는 이유는 사망 권세를 이기시고 승리하신 주님의 부활을 기억하며 부활의 감격과 기쁨을 주일을 지킴으로 선포하고 경험하기 위함입니다. 그래서 매 주일은 부활의 감격과 기쁨으로 뜨겁게 찬송하고 기도하는 부활절입니다.

또한, 주일 예배를 통해 주님의 부활을 다시 한번 기억한 우리는 세상 속에서 부활 신앙이 워킹(Working)하는 삶을 살아가야 합니다. 그러나 우리의 6일간의 일상은 부활 신앙이 일상으로 이어지지 못하고 부활이 언택트가 되다 보니 부활이 전혀 경험되지 못하는 삶을 살아가는 것입니다.

온택트(On-Tact) 신앙

비대면의 언택트의 시대를 살아가는 우리에게 세상은 온택트를 대안으로 제시했습니다. 직접 만나지는 못해도 온라인을 통해 간접 만남과 간접 접촉을 통해 만남을 이어갈 수 있다는 것입니다.

그러나 온택트의 정의를 기독교적으로 새롭게 해석하게 되면 다른 의미가 됩니다. 온택트의 '온'을 영어 단어로 보지 않고 순수한 한글로 이해해서 '온'이 가지는 '전부의' 또는 '모두의'라는 뜻과 영어 단어 택트(Tact)의 의미인 '터치', '접촉'이 합쳐져서 '삶의 온 영역을 부활 신앙으로 터치하는 것'을 온택트 신앙으로 정의할 수 있습니다.

신앙이란 삶의 모든 영역을 부활 신앙으로 터치해나가는 것입니다. 살다 보면 만나는 죽음과 같은 고통의 문제와 도저히 내 힘으로 이겨낼 수 없는 고통의 순간순간을 우리는 온택트 신앙으로 상황을 바꾸어 갈 수 있습니다.

레나 마리아(Lena Maria)는 태어날 때부터 두 팔이 없고 한쪽 다리가 짧은 아이로 태어났습니다. 그녀는 중증 장애인이었지만 자신의 장애와 고통을 이겨내고 세계장애인수영선수권대회에서 네 개의 금메달을 땄습니다. 그리고 가스펠 가수가 되었습니다.

언론은 그녀의 목소리를 "천상의 노래"라고 극찬했습니다. 그리고 그녀의 인생을 담은 『발로 쓴 내 인생의 악보』는 베스트셀러가 되었습니다. 그녀는 일본에서 공연한 적이 있었는데 사회자가 이렇게 질문을 했습니다.

"레나, 당신은 어떻게 그렇게 밝게 살아갈 수 있습니까?"

그러자 레나는 이렇게 답변했습니다.

"하나님이 나와 함께 하시기 때문입니다. 하나님은 내 삶을 움직이고 계시며, 내가 필요한 것을 채우시며, 또 내 곁에서 나를 위로하시고 새 힘을 주십니다."

그리고 한마디를 더 보탭니다.

"누군가 내게 주님이 살아 계시고, 부활하셨다는 증거를 대라고 말한다면 나는 나의 약한 육신과 날마다 찬송하는 내 입술을 당당하게 보여 줄 것입니다."

그녀는 온택트 신앙이 있었고 삶에서 만나는 고통스럽고 힘든 순간순간을 부활 신앙으로 터치하며 살아가고 있었습니다. 이것이 온택트 신앙입니다. 부활을 우리의 삶의 모든 영역에 터치하기만 하면 우리도 주님께 우리의 문제를 맡기고 부활을 기다리며 소망 가운데 살아갈 수 있게 됩니다.

그러므로 만약 우리의 삶이 부활을 온택트하게 되면 이렇게 됩니다.

첫째, 껍데기 신앙에서 → 알맹이 신앙으로 바뀌게 됩니다.

부활을 믿지 못하고 부활 신앙으로 살지 못하는 자들은 화려한 인생의 껍데기를 붙들고 살아가는 인생입니다. 그러나 십자가와 부활을 믿고 부활 신앙으로 살아가는 인생은 인생의 분명한 알맹이를 붙들고 살아가는 것입니다.

미국 매사추세츠주의 한 교회에 여덟 살 된 한 아이(톰)가 있었습니다. 그는 많은 병으로 늘 아팠고 병원에 다녀야 했습니다. 혼자 걸을 수도 없어 항상 휠체어를 타고 교회에 나와야만 했습니다. 부활절을 앞두고 톰의 교회학교 선생님은 아이들에게 속이 비어있는 플라스틱 달걀을 주면서 그 속에 무엇이든 생명이 있는 것을 넣어 오라고 숙제를 내주셨습니다. 부활절 아침, 아이들이 차례로 달걀을 열어 보였습니다. 꽃이나 나뭇잎, 곤충 등 아이들은 생명이 있는 여러 가지 것들을 준비해 왔습니다. 이제 톰의 차례가 되었습니다.

그런데 톰의 플라스틱 달걀은 비어있었습니다. 그것을 본 몇몇 아이들이 낄낄거리며 웃었습니다. 그런 톰을 선생님은 위로하며 "톰, 준비하지 못했어도 괜찮아, 많이 아팠나 보다"라고 말했습니다.

그러자 톰은 선생님께 이렇게 말합니다.

"선생님, 저는 생명을 준비했습니다. 이것은 예수님의 무덤입니다. 예수님은 다시 살아나셨기 때문에 무덤이 비어있는 것입니다.

이것은 생명이 살아났다는 것을 증명하는 것이 아닌가요?"

그리고 톰은 10개월 뒤에 하나님의 부르심을 받았습니다. 그의 장례식 날, 그가 누운 관 위에는 꽃 대신 빈 플라스틱 달걀이 놓여 있었습니다.

빈 무덤은 껍데기가 아니라 우리가 믿는 신앙의 본질입니다. 다시 말해, 부활 신앙은 우리가 믿고 전하는 것의 핵심이자 본질입니다. 그러므로 십자가와 부활이 빠진 복음은 있을 수 없습니다. 십자가와 부활이 빠진 신앙은 껍데기입니다. 그러므로 우리는 인생의 껍데기만 붙들고 실망과 좌절 가운데 살아가는 것이 아니라 이제는 알맹이 신앙이 되기 위해 십자가와 부활을 우리의 삶의 모든 영역에 온-택트해야 합니다.

둘째, 종노릇하는 신앙에서 → 왕 노릇하는 신앙으로 변하게 됩니다.

> 한 사람의 범죄로 말미암아 사망이 그 한 사람을 통해 왕노릇하였다고 말합니다, 그리고 부활을 믿는 우리는 예수그리스도를 통해 생명안에서 왕노릇 하리로다 (롬 5:17).

죄 가운데 살아가는 인생은 꼼짝없이 사망이 우리 안에 왕 노릇을 하기 시작하게 될 것입니다. 죄의 사슬에 묶인 인생은 늘 죽음에 대한 공포와 두려움으로 살아가게 되고 그 두려움과 공포를 이기기 위해 또다시 죄에 묶이는 삶이 반복될 것입니다.

　법륜 스님의 희망 편지를 보다가 참 공감이 되는 내용이 있었습니다.

> 몸을 생각하면 먹고 싶더라도 때로는 먹지 말아야 하고, 먹기 싫지만 먹어야 할 때도 있습니다. 이렇듯 음식을 먹는 것은 몸이 중심이 되어야지 입맛이 중심이 되면 안 됩니다.
> 옷을 입을 때도 몸을 보호하기 위해 입어야지, 값비싼 명품을 입고 망가질까 봐 신경 쓰면 내가 옷을 보호하게 됩니다.
> 거주하는 집도 마찬가지입니다. 평수가 늘어나고 귀중품들이 늘어나면 집이 나를 지켜 주는 것이 아니라 내가 집을 지키게 됩니다.
> 소유하려는 욕망을 무작정 따라가다 보면 우리는 이렇게 주객이 전도가 되는 삶을 살아가게 됩니다. 이것이 욕망에 묶인 다시 말해, 죄에 묶인 인생의 모습입니다. 자신도 모르게 세상의 수많은 것에 묶여서 자유하지 못합니다.

　주객이 전도되면 우리는 종노릇하는 삶이 되고 맙니다. 예수그리스도가 주인되어야 할 자리에 사망이 서 있으면 결국 우리는 죽지 않기 위해 죄를 반복해서 지으며 죄의 종노릇을 하며 살아가게 되는 것입니다.

> 그가 모든 원수를 그 발 아래에 둘 때까지 반드시 왕 노릇 하시리니 맨 나중에 멸망 받을 원수는 사망이니라 (고전 15:25-26).

부활하신 주님은 모든 원수를 그 발아래 둘 때까지 우리의 왕이 되셔서 반드시 왕 노릇하십니다. 그리고 반드시 사망의 권세를 깨뜨리고 우리에게 생명과 부활로 나가게 하실 것입니다.

이 말은 더 이상 우리가 구원의 문제로 두려워하거나 죽음을 두려워할 필요가 없다는 말입니다. 여러 가지 인생의 문제에 묶여 살아갈 필요도 없습니다. 부활을 온택트 하는 순간 우리는 진정한 자유를 누리게 되고 죄의 열매인 욕망과 탐심을 내려놓고 진정한 하나님의 생명 은혜로 나가는 삶을 살게 됩니다. 이것이 온택트 신앙입니다.

셋째, 하루살이 인생이 → 내일이 있는 신앙으로 변화됩니다.

하루만을 살아가는 하루살이에게는 내일도 없고 미래도 없습니다. 그러다 보니 단지 눈에 보이는 오늘이 삶의 전부라고 생각하며 살아가게 됩니다. 그러나 부활을 믿는 우리에게는 오늘만 바라보고 또한 눈에 보이는 것만 바라보며 살아가지 않습니다. 왜냐하면, 부활을 온택트하는 우리에게는 오늘이 아닌 내일이 있기 때문입니다. 또한, 절망이 아닌 소망이 주어졌기 때문입니다.

존 패튼(John Paton)이라는 목사님이 있습니다. 그는 스코틀랜드에서 한창 성장하고 있던 교회를 10년 넘게 섬기던 목회자였습니다. 그러나 하나님은 그에게 복음을 전혀 알지 못하는 식인종들이 우글거리는 뉴헤브리디스(New Hebrides) 군도에 가서 복음을 전하라고 부담을 주셨습니다. 그곳은 20년 전에 두 명의 선교사가 들어갔다가 식인종들에게 잡아 먹혀 죽은 곳입니다. 선배 선교사들의 잘못된 전철을 밟지 말라고 사람들이 만류했습니다. 그리고 자신이 목회하고 있던 한 성도가 그를 붙들고 울면서 말합니다.

"목사님, 식인종이 살고 있답니다. 목사님도 잡아먹을 것입니다. 제발 가지 마십시오."

그때 존 패튼 선교사님은 말했습니다.

"우리는 모두 언젠가 가지고 있던 것을 모두 남겨둔 채 무덤으로 들어가게 될 것입니다. 거기서는 벌레들이 주검을 뜯어먹겠지요.

주님만을 섬기다 죽는다면 벌레가 먹든 식인종이 먹든 무슨 차이가 있겠습니까?

마지막 때가 되면 우리는 그리스도처럼 깨끗한 몸으로 부활하게 될 것입니다."

부활 신앙으로 무장한 존 패튼 선교사님은 33세에 아내와 함께 선교지로 들어갑니다. 도착한 지 얼마 안 되어 아내와 갓난아기는 세상을 떠나갑니다. 패튼은 맨손으로 땅을 파헤쳐서 그들의 시신을 묻었습니다. 그리고 수 없는 생명의 위협에도 그는 끊임없이 복음을 전했습니다. 몇 년이 지나 뉴헤브리디스에 사는 수많은 식인종이 그리스도가 누구인지 이해하게 되었습니다.

그리고 그들 중에 몇 사람이 하나님의 품으로 돌아오게 되는 기적을 경험하게 되었습니다. 눈앞에 보이는 것이 아닌 영원한 하나님께 소망을 두고 살아가니 갈 수 없는 곳을 가게 되고, 할 수 없는 일을 할 수 있게 되었습니다. 이것이 온택트 신앙의 파워입니다.

이제 우리는 온택트 신앙으로 우리가 마주하는 모든 삶의 영역을 부활 신앙으로 터치해야 합니다. 내 뜻대로 죽음의 고통이 사라지지 않아도 또한 내가 원하는 생명의 열매가 나타나지 않아도, 우리는 끊임없이 부활을 우리의 삶의 영역에 터치하며 살아가야 합니다.

때로는 예수님처럼 부활을 경험하기 위해 무덤에서 삼일을 보내기도 해야 합니다.

그러나 그 죽음 앞에 절망하지 말고 부활을 기다리며 나아갈 때 우리는 반드시 죽음을 이기고 부활의 영광 앞에 서게 될 것입니다.

죽을 준비가 되셨습니까?

크리스천들은 죽음을 거부하는 자들이 아니라 죽음을 받아들이는 자들입니다. 또한, 죽음을 회피하고 죽음에서 도망치는 자들이 아닙니다. 하나님이 정하신 죽음의 주권 앞에 순종하며 부활 신앙으로 살아가는 자들입니다. 매일 매일을 죽을 준비를 하며 죽음 이후에 하나님 앞에 서기 위해 설렘과 두려움으로 살아가는 자들입니다.

죽을 준비가 되었다는 것은 부활에 대한 확신과 믿음 그리고 부활로 오늘을 살아가는 신앙을 의미합니다. 누구나 죽습니다. 그런데 죽음 앞에서 껍데기만 붙들고 살아왔던 삶을 후회하는 인생이 아니어야 합니다. 여전히 죄에 종노릇 하며 살아가는 인생으로 그리고 하루살이처럼 눈에 보이는 것이 전부라고 믿으며 살아가는 불쌍한 인생이 되어서는 안 됩니다.

우리 인생의 마지막 날, '하나님 앞에 서기 위해 최선을 다해 살아왔노라'며 주님 앞에 서는 그날을 우리 인생이 끝나는 디데이(D-day)가 아닌 브이데이(V-day)가 되어야 합니다.

죽음을 설교하십시오

　죽음을 설교하십시오!

　죽음을 설교할 때 죽음을 거부하려고 발버둥 치는 자들이 깨닫고 자기 죽음 앞에 서게 됩니다. 죽음을 설교할 때 세상에 함몰된 우리의 시선이 죽음을 이기고 생명으로 부활하신 주님을 바라보게 됩니다. 죽음을 설교할 때 우리 마음에 생명의 기쁨이 가득하게 되고 죽음을 설교할 때 우리는 천국에 대한 설렘으로 가득 차게 됩니다. 죽음을 설교하는 당신이야말로 하나님 앞에 설 준비를 하는 자입니다.

　죽음이 생명으로 바뀌는 그날까지 죽음을 설교하십시오!

지하철 사랑의 편지

ⓒ 2003, 용혜원

지하철 사랑의 편지

용혜원 엮음

서문

삶이란 정거장에서 만난 작은 이야기

분주한 시간 혹은 여유가 있는 시간
오가는 지하철에서 만났던 짧은 이야기들입니다.
잠시 멈추어 바라보며 공감하기를 원하며
썼던 글입니다.
우리들의 삶은 날이 갈수록 정감이 사라지지만
차가워지는 시선들 속에 따뜻하게 다가오는
우리들의 삶 속에서 일어나는
우리들의 이야기입니다.

그냥 스쳐 지나가 한순간 만남으로 끝나기가
아쉬워 한 권의 책으로 엮어 보았습니다.
짧은 이야기들이 우리들의 마음에
잔잔한 파문을 일으켰으면 좋겠습니다.
우리들의 마음에 사랑과 희망과 행복과 나눔을
만들어가게 해 주었으면 정말 좋겠습니다.
이 책을 만나는 모든 이들에게 축복이 함께하기를
마음을 모아 기도 드립니다.

2003년 1월 용혜원

| 차 례 |

서문 · 4

1부 내가 가지고 있는 소중한 것

내가 가지고 있는 소중한 것 · 12
방과 마음 · 14
인간 관계 · 16
나누는 삶 · 18
가장 빠른 방법 · 20
가위 바위 보 · 22
어리석은 근심 · 24
행복한 얼굴 만들기 · 26
전교 등수 안에 · 28
위를 보라 · 30
흠 있는 진주 · 32
젊음의 비결 · 34
꿈은 이루어진다 · 36
돼지 저금통 · 38
소년의 편지 · 40
죽는 방법 · 42
술의 정체 · 44

욕심 · 46
지나친 사랑 · 48
만족 결핍증 · 50
포옹 · 52
인간의 감옥 · 54
무관심 · 56

2부 행복을 주는 말

행복을 주는 말 · 60
웃음의 비밀 · 62
어른이 된 나의 아들에게 · 64
…라고 생각하세요! · 66
씨앗을 파는 가게 · 68
칭찬 · 70
명품 바이올린 · 72
세 종류의 친구 · 74
시련 후에 있는 성장 · 76
사랑은 위대하다 · 78

희망의 끈 · 80

응답 · 82

용서 · 84

나무와 열매 · 86

가장 귀한 보물 · 88

쉴 수 있는 시간 · 90

공짜는 없다 · 92

내가 사랑한 것 · 94

사랑의 메아리 · 96

악수의 여러 가지 의미 · 98

분명하게 말하자 · 100

선물 · 102

친구란… · 104

3부 성공하는 사람들의 조건

성공하는 사람들의 조건 · 108

성공과 실패의 갈림길 · 110

문을 열어라 · 112

긍정적인 사람 · 114
기다리는 그 시간 · 116
독서의 힘 · 118
제일 맛있는 감 · 120
최선의 85퍼센트 · 122

돌아오지 않는 세 가지 · 124
가장 중요한 것 · 126
목표 · 128
비스마르크와 아들 · 130
가필드의 10분 · 132
지혜로운 왕 · 134
노벨의 마음 · 136

카네기 · 138
내 삶을 어떻게 만들까? · 140
순종 · 142
성취의 기쁨 · 144
에디슨의 장미 정원 · 146
바다와 폭풍우 · 148

떨어진 휴지 한 장 · 150
딱정벌레의 힘 · 152

1부 내가 가지고 있는 소중한 것

내가 가지고 있는 소중한 것

"넓고 기름진 땅, 살기 좋은 농가, 큰 곡식 창고, 이상적인 위치, 최신식 농기구를 갖춘 농장을 팝니다."

한 농부가 새 농장을 사기 위해 신문 광고를
뒤적이다가 이런 광고를 보게 되었습니다.
바로 농부가 원하던 농장이었습니다.
오랫동안 농장을 잘 가꾸면서 살던 농부는 이제
싫증이 나서 다른 농장을 찾고 있었습니다.
지금의 농장을 팔고 다른 농장을 사고 싶어서
부동산 중개소에 자기의 농장을 내놓았고, 부동산
중개소에서는 여러 곳에 광고를 내 주었습니다.
그리고 자신도 좋은 농장이 있는지 광고들을
눈여겨보던 참이었습니다.
그런데 마음에 드는 그 농장의 위치를 확인해
보니, 바로 자기 농장이었습니다.
농부는 매물로 내놓았던 것을 취소하고 다시
자신의 농장을 가꾸면서 더 행복하게 살았답니다.

방과 마음

우리들이 사용하는 방과 마음은
공통점이 있습니다.
방과 마음은
어떻게 사용하느냐에 따라서
엄청나게 달라지기 때문입니다.
방에다 밥상을 갖다 놓으면 식당,
책상을 놓고 공부를 하면 공부방,
방석을 깔아 놓고 차와 음식을 대접하면 응접실,
이불을 깔고 잠을 자면 침실,
요강을 갖다 놓으면 화장실,
담요를 갖다 놓고 화투를 치면 도박장.

우리의 마음도 무엇이 주장하느냐에 따라
천태만상으로
전혀 다른 마음이 될 것입니다.
우리의 마음에 무엇을 넣어 두기를 원하십니까?

인간 관계

몇 해 전 여름이었습니다.
강의를 마치고 내려오는데 한 학생이 다가와
내 이마를 쳐다보며 말했습니다.
"이 세상에서 가장 어려운 일 중에 하나가
무언지 아세요?"
나는 갑자기 받은 질문이라
잘 모르겠다고 했습니다.
그 학생은 웃으며 말했습니다.
"그건 대머리에 머리핀을 꽂는 거예요."
내가 머리를 만지며 웃었더니 다시 이렇게
말했습니다.

"물론 대머리에는 접착제로 머리핀을
붙일 수는 있지만
정말 세상에서 가장 어려운 일은 인간 관계예요."
학생이 전해 준 이 이야기 속에는 참으로 중요한
뜻이 담겨져 있습니다.
왜 많은 사람들이 괴로워하며 살아가고 있습니까?
바로 인간 관계가 잘못되어서입니다.
친절과 겸손 그리고 웃음으로 주변 사람들을
사랑해 보십시오.
그러면 자신도 기쁨 속에 행복을 느끼며
살아갈 수 있습니다.

나누는 삶

아기는 태어나면서 세 가지 모습을 보여 줍니다.
울고, 손을 움켜쥐고, 발버둥을 칩니다.
그런데 사람들이 평생 이 모습으로 살아간다는
것을 아십니까?
기뻐서 울고 슬퍼서 울고, 돈과 명예와 권세를
쥐려 하고, 무언가를 이루려고 날마다
발버둥을 치며 살아갑니다.
그러나 인생은 빈손으로 왔다가 빈손으로
가는 길입니다.
성경은 말합니다.
하늘에 보화를 쌓아 놓으라고,

지극히 작은 자에게 냉수 한 그릇을 대접한
일을 기억하겠다고 말입니다.
나이가 들수록 욕심을 부리는 사람과
이웃과 나누며 사는 사람의 얼굴은 확연히 다릅니다.
주변 사람들의 평가도 전혀 달라집니다.
욕심을 내는 사람은 신경질적이지만, 나누며 사는
사람에게는 평안과 기쁨이 넘칩니다.
그리고 웃음이 있습니다.
욕심을 채우느냐, 아낌없이 나누느냐에 따라
내 삶이 달라집니다.

가장 빠른 방법

영국의 한 방송국에서 퀴즈를 냈습니다.
그 내용은 "영국 끝에서 런던까지 가장 빠르게
오는 방법은 무엇인가?"였습니다.
도처에서 수많은 대답들이 쏟아져 들어왔습니다.
"비행기를 타고 오는 것이다."
"배를 타고 오는 것이다."
"기차를 타고 오는 것이다."
"고속도로로 차를 몰고 오는 것이다."
그러나 정답은 바로 이것이었습니다.
"사랑하는 사람과 함께 오는 것이다."
왜냐하면 사랑하는 사람과 같이 있을 때
시간이 가장 빠르게 지나가기 때문입니다.

내가 가지고 있는 소중한 것 21

가위 바위 보

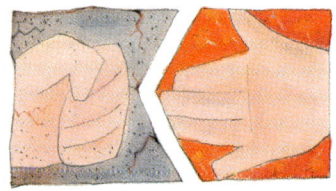

"가위, 바위, 보!"
누구에게나 친구들과 가위 바위 보 놀이를 하며
서로 이기려고 한 기억이 있을 겁니다.
재미있게도 어느 나라에서든지 '바위'가 '가위'를
이기고, '가위'는 '보'를 이깁니다.

참으로 이상한 것은
제일 약한 것 같은 '보'가
제일 강한 '바위'를 이긴다는 사실입니다.
여기에서 부드러움이 강함을 이긴다는 진리를
배울 수 있습니다.
놀이에 담겨 있는 살아 있는 진리입니다.
사랑은 부드러움입니다.
먼저 다가가는 마음의 여유입니다.
그리고 사랑은 이 세상 그 무엇도 이겨낼 수
있는 힘입니다.

어리석은 근심

모두가 잠든 깊은 밤,
한 남자가 어둡고 가파른 길을 가다가
발을 헛디뎌 아래로 미끄러지기 시작했습니다.
발 밑은 낭떠러지인 것 같았습니다.
아래로 떨어지지 않기 위해 있는 힘을 다해
옆에 있는 나무를 부여잡았습니다.
살기 위해 안간힘을 썼지만 결국은 힘이 빠져
나무를 놓치고 말았습니다.
퍽!
그런데 떨어져서 보니 불과 30센티미터밖에
안 되는 웅덩이였습니다.

어리석은 근심이 두려움을 만들어 쓸데없는
고생만 했던 것입니다.

행복한 얼굴 만들기

그 사람의 얼굴을 보면
그 사람이 어떤 사람인지 알 수 있습니다.
가장 중요한 척도는 그 사람의
얼굴빛과 표정입니다.
얼굴 표정이 밝고 빛이 나는 사람,

웃음이 가득한 사람은
긍정적이고 희망적입니다.
얼굴 표정이 어둡고 찡그려진 사람은 그만큼
쉽게 좌절하는 편입니다.
얼굴 표정과 마음은 바로 연결되어 있습니다.
마음이 어두우면 얼굴 표정도 어둡습니다.
마음이 밝으면 얼굴 표정도 밝습니다.
밝은 얼굴은 행복하다는 증거입니다.
마음속에 꿈과 비전을 간직하면
행복한 사람이 됩니다.
걱정하고 두려워하는 사람보다는
행복을 꿈꾸며 이를 이루어가는
사람의 표정이 밝습니다.
행복한 얼굴은 행복한 삶을 만듭니다.

전교 등수 안에

고등학교에 다니는 아들이 학교에서 시험을
보고 나서 시무룩한 표정으로 돌아왔습니다.
아버지가 그 이유를 물어보니
시험을 잘 못본 것 같다고 합니다.
그래서 다시 물었습니다.
"그럼 너, 학교에서 전교에서는 등수 안에 드냐?"
아들은 황당하다는 표정을 지으며
이렇게 말했습니다.
"그럼요! 학교에 다니는 아이들 중에 전교 등수
안에 들지 못하는 아이가 어디 있어요!"
"우리 아들 공부 잘하네!

전교에서도 등수 안에 들고
그럼 반에서도 등수 안에 드냐?"
"그럼요, 아버지. 반에서도 등수 안에 들지요!"
아버지는 아들을 보고 빙그레 웃으면서
말했습니다.
"이제부터 어른들이 너보고 공부 잘하느냐고
물으면 무조건 큰 소리로 '네, 전교에서 등수
안에 듭니다!' 라고 말하렴.
그러면 어른들은 네가 공부를 잘하는 줄 알 거다!"
아들은 아버지의 말을 듣고 자신감을 얻었습니다.

위를 보라

한 젊은 선원이 처음으로 항해를 떠나게
되었습니다.
북대서양에서 폭풍우를 만나게 되었을 때
그는 돛대에 올라가 항로를 조정하라는 명령을
받았습니다.
젊은 선원은 돛대에 올라가다가 밑에서 출렁이는
파도를 보고 겁에 질렸습니다.
그는 휘청거리며 몸의 균형을 잃고 있었습니다.
그때 그를 본 고참 선원이 그에게 외쳤습니다.
"여보게! 위를 보게나 위를!"
젊은이는 그 말대로 위를 바라보았습니다.
젊은이는 다시 몸의 균형을 잡게 되었습니다.
눈앞에 닥친 현실에서 눈을 돌려 위를 바라보면
전체를 조망할 수 있습니다.

흠 있는 진주

어느 날 한 사람이 매우 아름다운 진주를
발견했습니다.
그런데 거기에는 작은 흠집이 있었습니다.
그는 흠집만 없앨 수 있다면 그 진주가
세상에서 가장 크고 귀중한 보석이 될 것이라고
생각했습니다.
그는 흠이 없어지기를 기대하며 진주의 표피를
한 꺼풀 벗겨 냈습니다. 하지만 흠은 여전히
남아 있었습니다.
그는 흠이 없어질 때까지
계속해서 껍질을 벗겨 나갔습니다.

나중에 흠이 없어졌을 때에는
이미 진주로서의 가치는 사라진 뒤였습니다.
완전한 것은 없습니다. 아무리 뛰어난 해결책에도
문제점이 있게 마련입니다.
완전한 것을 얻으려고 했다가 결국에는 아무것도
얻지 못하는 수가 있습니다.
지금 당신이 있는 그 자리를 한번 둘러보시기
바랍니다.
가장 가까이에 최상의 것이 있는지도 모릅니다.

젊음의 비결

롱펠로는 하버드 대학에서 근대 어학을
가르치며 낭만적인 사랑의 시를 써서 대중의
사랑을 한 몸에 받은 미국 시인입니다.
세월은 흘러 어느덧 그의 머리칼도 하얗게
세었습니다.
그러나 그의 안색이나 피부는 젊은이처럼 늘
싱그러워 보였습니다.
하루는 나이보다 젊어 보이는 롱펠로를 향해
친구가 물었습니다.
"이보게, 자네는 여전히 젊군 그래. 자네가
이렇게 젊음을 유지하는 비결은 뭔가?"

이 말을 들은 롱펠로는 정원에 있는 커다란
나무 쪽으로 시선을 옮기며 말했습니다.
"저 나무를 보게나! 이제는 늙은 나무지.
그러나 저렇게 꽃이 피고 열매도 맺는다네.
그것이 가능한 건 저 나무가 매일 조금이라도
계속 성장하고 있기 때문이야.
나도 그렇다네. 나이가 들었어도 날마다
성장한다는 마음가짐으로 살아가고 있다네."

꿈은 이루어진다

1953년 5월 29일 에드먼드 힐러리는 세계에서 가장
높은 산인 에베레스트 산을 정복했습니다.
그에게는 이미 10년 전에 도전한 경험이
있었습니다.
비록 실패하고 말았지만 그때 그는 용기를 내어
이렇게 말했습니다.
"에베레스트 산이여! 너는 자라지 못한다.
그러나 나는 자랄 것이다. 나의 힘도 능력도
자랄 것이다.
또한 내가 구비한 장비도 자랄 것이다.

나는 돌아오겠다. 기다려라. 나는 다시
산에 오를 것이다."
그리고 10년이 지난 후 그 꿈을 이루었습니다.
꿈과 용기가 있는 사람은 결코 포기하거나
좌절하지 않습니다.
도전 정신과 용기만 있다면 자신이 원하는 삶을
이룰 수 있습니다.

돼지 저금통

한 어린아이가 초등학교에 입학하게
되었습니다.
어머니는 아이가 초등학교에 입학한 기념으로
저금 통장을 만들어 주기로 했습니다.
어머니는 아이를 데리고 은행에 갔습니다.

아이는 엄마가 가르쳐 주는 대로 고사리 같은
손으로 직접 통장 개설에 필요한 서류에 이름과
생년월일을 써 넣었습니다.
그런데 다음 칸에 '전에 거래한 은행 이름'이라고
적혀 있었습니다.
아이는 고개를 갸우뚱하고 잠시 생각하더니
이렇게 적었습니다.

'돼지 저금통.'

소년의 편지

이탈리아 주둔군의 아들인 13세 소년 바비 힐은
알버트 슈바이처 박사에 대한 글을 읽다가
유럽 지역 미 공군 사령관인 리처드 린제이
장군에게 편지를 썼습니다.
"제가 아스피린을 한 병 샀어요.
이 약을 아프리카에 계신 슈바이처 박사님
병원에 낙하산으로 떨어뜨려 주세요."
린제이 장군은 소년의 편지 내용을 방송국에
알렸습니다.
방송을 듣고 감명받은 유럽 사람들이 모은 약품은
자그마치 40만 달러 어치나 되었습니다.

곧 바비는 이탈리아와 프랑스가 제공한 비행기에
약을 싣고 아프리카로 갔습니다.
슈바이처 박사는 감격해서 말했습니다.
"어린아이가 이런 큰 일을 할 수 있으리라고는
꿈에도 생각해 본 적이 없습니다."
다른 사람을 돕고자 하는 13세 소년의 작은 마음이
죽어 가는 많은 사람들을 구하는 큰 손길이
되었습니다.

죽는 방법

언제나 왕에게 웃음을 선사해야 하는
피에로가 있었습니다.
어느 날 피에로는 시무룩한 왕의 마음을
풀어주려고 온갖 노력을 다했지만
소용이 없었습니다.
화가 더욱 치솟은 왕은 시종을 불렀습니다.
"여봐라! 나를 웃기지도 못하는 이 피에로를
감옥에 가두어라!"
왕은 그래도 화가 풀리지 않자 피에로를
죽여 버리기로 작정했습니다.

그래서 피에로를 불러 이렇게 말했습니다.
"피에로야! 내가 너를 죽여 버려야겠다.
여기 모래 시계를 엎어 놓을 테니
모래알이 다 떨어질 때까지 네가 죽을 방법을
자유롭게 선택하여라.
단두대에 올라가든지, 화형을 당하든지,
사약을 먹든지, 총살을 당하든지 죽는 방법은
네 마음대로 하라!"
모래 시계의 모래알이 또르르 떨어지고
있었습니다.
모래알이 다 떨어지자 왕이 물었습니다.
"자, 시간이 다 됐다! 너는 어떻게 죽겠느냐?"
피에로는 싱글싱글 웃으면서 이렇게 말했습니다.
"대왕마마! 저는 늙어서 죽는 방법을
택하겠습니다!"

술의 정체

나는 얼굴 없는, 역사상 최고의 흉악범입니다.
나는 역사적으로 한 번도 체포된 적이 없습니다.
나는 건강한 사람을 환자로 만들 수 있습니다.
나는 멀쩡한 사람을 야수로 만들 수 있습니다.
나는 지혜로운 사람을 우매자로 만들 수 있습니다.
나는 돈이 많은 사람을 거지로 만듭니다.
나는 장래가 촉망되는 젊은이를 당장

파멸시킬 수 있습니다.
나는 행복이 넘치는 가정을
불행하게 만들 수 있습니다.
나는 사람을 양같이 온순하게 할 수 있습니다.
나는 사람을 난폭하게 할 수 있습니다.
나는 돼지같이 더럽게도 할 수 있습니다.
나는 사슴같이 춤추고 노래를 부르게
할 수 있습니다.
나는 모든 사람을 죽일 수도 있습니다.
지금까지 내 손에 쓰러진 사람이 많습니다.
어느 누구도 나를 죽이지 못하지만
내 힘을 약하게 하는 것은
자제력과 맑은 물뿐입니다.

나는 술입니다.

욕심

한 청년이 길을 걸어 가다가 길에서 요술 램프를
발견했습니다.
청년은 신기해서 요술 램프를 문질러 보았습니다.
그랬더니 요정이 나타나 말했습니다.
"소원이 있으면 딱 하나만 말씀하세요.
그러면 들어드리겠습니다."
그때 청년에게는 세 가지 소원이 있었습니다.
그것은 돈과 여자와 결혼이었습니다.
한 가지도 놓치고 싶지 않은 청년은
이렇게 말했습니다.
"돈, 여자, 결혼이 소원이오!"

그후 청년은 소원대로
돈 여자와 결혼을 했다고 합니다.
욕심은 사람을 불행하게 만듭니다.
세상은 욕심대로 살 때보다
소망을 하나하나 이루어 가며 서로 나눌 때
행복해집니다.

지나친 사랑

장난꾸러기 아들을 둔 돈 많은 여인이 있었습니다.
그녀의 아들은 다른 방에서 하녀가 돌보고
있었습니다.
그때 어디선가 말벌 하나가 방 안으로
날아 들어왔습니다.
아들은 아름다운 색깔을 한 말벌을 보자
흥미가 생겼습니다.
"저걸 갖고 싶어요! 잡아줘요!"
아이가 떼를 쓰기 시작했습니다.
옆방에서 듣고 있던 여인은 아들이 원하는 건
다 해 주라고 하녀에게 소리쳤습니다.

하녀는 주인이 시키는 대로 아이에게 말벌을
잡아 주었습니다.
잠시 후 말벌에 쏘인 아들은 자지러지게
울어댔습니다.
여인은 한걸음에 달려와 하녀에게 화를 내며
아이가 우는 이유를 물었습니다.
하녀는 "아이가 원하는 것을 주었더니 울기
시작했어요." 하며 울먹였습니다.

만족 결핍증

현대인들은 만족 결핍증을 앓고 있습니다.
인생의 진정한 만족은 술이나 향락, 부유함에
있지 않습니다.
미국의 작가 게일은 《통로를 찾는 사람들》이란
책에서 참 만족을 갖고 사는 사람들은 다음과
같다고 말했습니다.

삶과 뜻에 분명한 방향을 가진 사람.
허무와 실망에 매이지 않는 사람.
앞날의 계획을 믿음과 용기로 성취하는 사람.
누군가를 무척 사랑하는 사람.

신뢰할 친구가 많은 사람.
낙천적이고 비밀이 없는 사람.
자기 비평에 신경 쓰지 않는 사람.
큰 두려움이 없는 사람.

포옹

포옹이야말로 마음의 병을 치료하는
지름길입니다.
포옹은 스트레스와 싸울 수 있는 훌륭한
무기입니다.
따뜻하고 사랑스러운 포옹은 상대방의 마음을

든든하게 하고 평안함을 주며,
포옹하는 순간 긴장 수치는 수직 강하되어
외부에 대한 감정의 변화가 긍정적으로 됩니다.
포옹은, 혈압을 급상승시키고
긴장감을 불러일으키는 분노의 감정도
맥 못추게 만드는 효력이 있으며,
고독과 외로움을 달래줄 수 있는 유일한
수단이며 탁월한 정신 치료제입니다.
배우자나 가족들과 관계를 지속하고 싶으면
주저말고 부드럽게 안아 주세요.
포옹은 상대방과 가장 친밀하게 관련을 맺고
있다는 하나의 증거입니다.

— 게오프 가드비

인간의 감옥

현대인들은 감옥에 살고 있습니다.
이 감옥에서 벗어나야 비로소 따뜻한 미소를
지으며 행복하게 살아갈 수 있습니다.
케이치프 노이드는 관계가 단절된 인간이
갇혀 살고 있는 여섯 가지 감옥을
이렇게 말하고 있습니다.

자기의 예쁜 면만을 볼 줄 아는 자기 도취의 감옥,
다른 사람의 나쁜 점만을 보는 비판의 감옥,
오늘과 내일을 암담하게 보는 절망의 감옥,
옛날만 황금 시대로 보는 과거 지향의 감옥,
다른 사람만 부러워하는 선망의 감옥,
다른 사람이 잘되는 것을 싫어하는 증오의
감옥입니다.

무관심

" '무관심'의 정의를 내려볼 사람?"
한 교수가 강의 시간에 학생들에게 질문을
던졌습니다.
한 학생이 손을 들더니 이렇게 말했습니다.
"교수님! 저는 모르겠습니다. 저는 그 문제에
관심도 없습니다."
오늘날 현대 사회는 무관심, 무의식, 무감동,
무절제의 시대라고 말합니다.
팽창하는 개인주의로 인해 가정과 사회에 갖가지
문제가 생겨나고 있습니다.
무관심을 우리는 어떻게 말할 수 있습니까?

냉담하고 완전히 신경 쓰지 않는 것, 어떤 의견도
없는 것이 바로 무관심일 것입니다.
우리는 이웃과 더불어 함께 살아가야 합니다.
누군가 자신 때문에 행복할 수 있다면 얼마나
좋겠습니까?

2부 행복을 주는 말

행복을 주는 말

말은 우리의 마음과 마음을 이어 주는
다리 역할을 합니다.
정다운 인사 한마디가 하루를 멋지게 열어 줍니다.
짧지만 이런 말 한마디가 우리를 행복하게 합니다.
"사랑해."
"고마워."
"미안해."
"잘했어!"
"기도해 줄게!"
"넌 항상 믿음직해."
"넌 잘될 거야!"

"네가 내 곁에 있어서 참 좋아."
벤저민 프랭클린이 이런 말을 했습니다.
"성공의 비결은 남의 험담을 하지 않고 상대의
장점을 드러내는 데 있다."
우리의 말 한마디 한마디가 얼마나 중요한지
모릅니다.
그 사람이 사용하는 말은 그 사람의 삶을
말해 줍니다. 오늘 우리도 주위 사람들을
행복하게 해 주는 말을 해 봅시다.
우리 곁에 있는 사람들이 행복할 때 우리는 더욱더
행복해집니다.

웃음의 비밀

인도의 캘커타를 중심으로 소외된 이들을
보살펴 온 테레사 수녀.
그녀가 함께 일할 사람을 선발하는 기준은
비교적 간단했다고 합니다.
바로 '잘 웃고, 잘 먹고, 잘 자는' 사람이었습니다.
그런 사람은 자신의 삶을 행복하게 가꾸고
다른 사람도 잘 도울 수가 있습니다.
또 남을 잘 위로해 줍니다.
웃음은 우리의 삶을 건강하게 해 줍니다.
윌리엄 바클레이는 웃음에 대해 이렇게
말했습니다.

"웃음은 하나님이 주신 큰 선물 중의 하나다.
당신은 사람들을 웃길 수 있는가?
모임이나 동료들 사이에 늘 웃는 사람이 있다면
어느새 모두 유쾌해져 웃기 시작한다.
아니 그 사람을 만나기만 해도 행복하다.
지금 웃고 있는 사람은 하나님의 일을 실천하고
있는 사람이다."

어른이 된 나의 아들에게

오늘 나는 바빴다. 그래서 너와 놀지를 못 했구나.
네가 게임을 하자고 했는데 너와 함께 놀아 줄
시간이 없었다.
네 옷을 빨고, 바느질을 하고, 요리를 하고….
하지만 네가 그림책을 가지고 와서 같이 재미있게
읽자고 했을 때 나는 말했다.
"아들아, 나중에…."
밤에는 안전하게 너를 침대에 뉘고
네가 기도 드리는 소리를 듣고 불을 끈 후,
발소리를 죽이며 방을 나갔다.
몇 분만 더 머물렀어도 괜찮았을 것을….

삶은 짧고 시간은 빨리 지나가
조그만 아이는 어느새 어른이 되어 더 이상
나와 함께 살지 않는다.
소중한 비밀을 내게 털어놓지도 않는다.
그림책은 다 치웠고 같이 놀 게임도 없다.
잘 자라는 인사도,
기도 소리도 더 이상 들을 수 없다.
모두 지나간 일이다.
한때 바빴던 나도 이젠 할 일이 없다.
하루는 길고 쉽게 지나가지 않는다.
옛날로 돌아갔으면,
그래서 네가 하자고 했던 작은 일들을
같이 했으면!

— 작자 미상

…라고 생각하세요!

힘들 때는 '이쯤이야…'라고 생각하세요!
슬플 때는 '하나도 안 슬퍼.'라고 생각하세요!
억울한 일을 당할 때는 '별 것 아니네!'라고
생각하세요!
하기 싫을 때는 '그래, 이번 딱 한 번만 하자!'라고
생각하세요!
용기가 없을 때는 '눈 딱 감고 해 버리자.'라고
생각하세요!
무기력해질 때는 '지금 당장 내가 할 일이 뭐지?'
라고 생각하세요!
밥맛이 없을 때는 '굶주린 북한 아이들의 눈동자'를

생각하세요!
재미가 없을 때는 "하하하!" 억지 웃음이라도
짓고 재미있다고 생각하세요!

씨앗을 파는 가게

한 여인이 꿈을 꾸었습니다.
꿈속에서 여인은 새로 문을 연 한 가게에
들어가게 되었습니다.
가게 주인이 반갑게 맞아 주었습니다.
이 가게에서 무엇을 파느냐고 여인이 묻자
주인은 "당신의 마음이 원하는 것은 무엇이든
팝니다."라고 대답했습니다.
놀라운 대답을 들은 여인은 한참 생각한 끝에
인간이 바랄 수 있는 최고의 것을 사기로
마음먹었습니다.
여인은 말했습니다.

위를 보라

전교에서도 등수 안에 들고
그럼 반에서도 등수 안에 드냐?"
"그럼요, 아버지. 반에서도 등수 안에 들지요!"
아버지는 아들을 보고 빙그레 웃으면서
말했습니다.
"이제부터 어른들이 너보고 공부 잘하느냐고
물으면 무조건 큰 소리로 '네, 전교에서 등수
안에 듭니다!' 라고 말하렴.
그러면 어른들은 네가 공부를 잘하는 줄 알 거다!"
아들은 아버지의 말을 듣고 자신감을 얻었습니다.

"마음의 평화와 사랑과 행복과 지혜 그리고
두려움으로부터의 자유를 주세요."
그러자 주인은 미소를 지으면서 말했습니다.
"미안하지만 가게를 잘못 찾으신 것 같군요.
부인, 이 가게에선 열매를 팔지 않습니다.
오직 씨앗만을 팔지요."

칭찬

삶을 밝게 하는 한 가지 방법은 남을 칭찬하는
것입니다.
칭찬을 해 줄 때마다 칭찬을 받는 사람의 마음에는
사랑이라는 등불이 하나씩 켜집니다.
남을 칭찬하면 비판하거나 남의 허물을
들추어 낼 때보다 자신의 마음도 편해집니다.
여러 사람 앞에서 칭찬해 주십시오.
예기치 않을 때 갑자기 칭찬해 주십시오.
짧게 칭찬해 주십시오.
작은 일도 잊지 않고 칭찬해 주십시오.
주변부터 칭찬한 후 당사자를 칭찬하십시오.

칭찬은 남을 사랑하는 마음이 있어야 나옵니다.
진실한 칭찬을 아끼지 말아야 합니다.
그러면 어느 사이에 마음이 넓어지고 마음에
여유가 생길 것입니다.

명품 바이올린

한 사람이 유명한 바이올린을 만드는
장인을 방문하여 물었습니다.
"당신이 만든 바이올린 소리는 다른 곳에서
만든 것보다 훨씬 좋은데 그 이유는 무엇입니까?"
바이올린을 만드는 사람이 이렇게 대답했습니다.
"제가 만드는 바이올린은 재료가
다른 바이올린과 다릅니다.
저는 아주 험한 산꼭대기에서 자란 나무만 쓰지요.
그 나무들은 늘 모진 바람에 시달리고
잘 견디며 싸워왔기 때문에 강하고 튼튼합니다.

이런 나무가 아니고서는 좋은 소리를 낼 수가 없답니다."

세 종류의 친구

당신은 어떤 친구를 갖고 있습니까?
친구는 다음과 같은 세 종류의 친구가 있습니다.
빵 같은 친구 — 항상 필요한 친구입니다.
약 같은 친구 — 때때로 필요한 친구입니다.
질병 같은 친구 — 이런 친구는 피해야 합니다.

행복을 주는 말 75

시련 후에 있는 성장

헬렌 켈러는 "이 세상에서 가장 불행한 사람은
시력은 있는데 비전(vision)이 없는 사람이다."라고
말했습니다.
우리에게는 시련을 이겨내는 힘이 있습니다.
그 힘은 희망이며 사랑입니다.
우리는 지나간 슬픔에 눈물을 낭비해서는
안 됩니다.
이 세상의 모든 피조물은 고통과 시련을
겪으며 살아갑니다.
나무도 시련 속에 성장하고 꽃도 시련을
겪은 후에 피어납니다.

어떤 시련이 다가와도 비전을 잃지 않으면
일어설 수 있습니다.
시련은 당신을 훈련시킬 좋은 기회입니다.

사랑은 위대하다

한 장애인 소식지에 실린 감동적인 이야기입니다.
캠핑을 떠난 일가족이 반대편에서 과속으로
달려오던 대형버스와 정면으로 충돌하는
사고를 당했습니다.
이 사고로 그 가정은 두 딸을 잃었고 아내도
전신마비를 일으키고 말았습니다.
아내가 2년 3개월 간 병원에서 치료를 받고
퇴원한 후에도 남편은 하루하루 아내를 위해

살아야 했습니다.
그러나 남편은 이렇게 말합니다.
"많은 사람들이 보기에 우리를 파괴된 가정이요,
 가장 불쌍한 부부라고 할지 모르지만 우리는
여전히 행복합니다."
남편은 새벽 3~4시면 일어나 욕창이 생기지
않도록 아내의 누운 자리를 바꿔 주는 일로
하루 일과를 시작한다고 합니다.
그 밖에도 그가 아내를 위해 하는 일은
너무너무 많습니다.
하지만 그는 이렇게 말합니다.
"사랑이 없었다면 지쳐 버렸을 것입니다.
저는 지난 3년 6개월 동안
하루에도 수십 번씩 기저귀를 갈아 주는
엄마와 같은 사랑을 하게 되었습니다.
이렇게 할 수 있는 것이 사랑입니다."

희망의 끈

심리학자 빅터 프랭클은 나치 수용소에
수감되었다가 극적으로 살아났습니다.
그 가운데서 어떻게 살아남을 수 있었는지 그의
저서 《삶의 의미를 찾아서》에 이렇게
기록하고 있습니다.
"나치 수용소에서 겪은, 말할 수 없이 잔인한
고문이나 무서운 형벌, 비인간적인 학대 속에서도
나를 생존하게 만든 것은 희망이었다.
이들의 시대는 언젠가는 끝난다.
그때 나는 이 수용소를 나가서 내가 붙잡은
이 삶의 희망을 수많은 사람들에게 전해 주겠다.

끔직하고 절망적인 고문을 넘어선 곳, 저 건너편에
있는 희망을 사람들에게 보여 주기 위해서 나는
끝까지 견뎌 내겠다."
그는 나치의 모진 고문을 받으면서도 희망의
끈을 끝까지 놓지 않았습니다.

응답

예배 시간에 한 꼬마 아이가 계속해서 휘파람을
불고 있었습니다.
예배에 방해가 되자 목사님이 말했습니다.
"얘야! 예배 시간에 휘파람을 불면 어떻게 하니?"
그러자 꼬마 아이는 씩 웃으며 이렇게 말했습니다.
"목사님! 제가 하나님께 휘파람을 불게 해 달라고
기도했는데요, 바로 지금 응답을 받았어요!"

행복을 주는 밤 83

용서

상습적으로 탈영을 일삼던 군인이 있었습니다.
결국 그에게는 사형선고가 내려지고 말았습니다.
마지막으로 제독이 말했습니다.
"나는 너를 교육도 시켜 보았다.
상담도 해 보았고 처벌도 해 보았다.
채찍을 들어 때려도 보았다.
그런데 너는 돌이키지 않았고 새로워지지도
않았다. 어쩔 수 없이 너는 죽어야 한다."
이때 지혜로운 부하 한 사람이 말했습니다.
"각하! 각하께서는 한 가지 해 보지 않은 것이
있습니다. 각하는 이 사람을 용서해 보신

적이 있으십니까?"
제독은 부하의 이야기를 받아들여 무조건
용서해 주었습니다.
그후 사형을 당할 뻔한 군인은 완전히 달라져서
충직한 군인이 되었습니다.

사랑은 용서에서 시작됩니다.

나무와 열매

한 노인이 정원에 나무를 심고 있었습니다.
마침 이곳을 지나가던 나그네가 물었습니다.
"노인께서는 언제쯤 그 나무에 열매가
열릴 것으로 생각하십니까?"
노인은 무표정한 얼굴로 대답했습니다.
"70년쯤 지나면 열릴 것일세."
나그네가 다시 물었습니다.
"노인께서는 그때까지 사실 수 있습니까?"
노인은 빙그레 웃으며 말했습니다.
"아닐세, 그렇지 않네.
하지만 내가 태어났을 때에도 우리 과수원에는

열매가 많이 열려 있었네.
내가 태어나기 전에 아버지께서 나를 위해
묘목을 심어 놓았기 때문이지.
나도 아버지처럼 나를 위해 미래의 후손을 위해
일하고 있을 뿐이야."

가장 귀한 보물

로마의 명사 티베리우스 구라크스의 아내
코르넬리아는 현명한 부인으로 잘 알려져
있었습니다.
어느 날 명사 부인들이 코르넬리아의 집에
모였을 때, 각자 자기들이 가진 보석을
내보이며 자랑을 하게 되었습니다.

그러나 코르넬리아는 아무 말 없이 남의 보석만
보고 있을 뿐이었습니다.
이윽고 다른 여인들이 그녀의 보석을 보여 달라고
청하기에 이르렀습니다.
처음에는 사양하던 코르넬리아는 거듭 재촉하는
말에 조용히 자리에서 일어나 옆방으로 가더니
두 아들의 손을 잡고 나타났습니다.
"여러분, 이 아이들이 나의 보석입니다!"
이들 형제가 후에 로마 공화정 시대에 호민관이 된
구라크스 형제입니다.

쉴 수 있는 시간

직장에 다니는 여성들의 하루는 무척이나
힘들고 고됩니다.
일을 하면서 아이들을 양육한다는 것은
더욱 힘든 일입니다.
직장에 다니면서 아들 셋을 기르는
엄마가 있었습니다.
어느 여름날 저녁 식사를 마친 아이들은 마당에서
전쟁 놀이를 하기 시작했습니다.
아들 중에 하나가 엄마에게 장난감 총을 겨누며
말했습니다.
"땅! 땅! 엄마, 죽었어!"

그러자 엄마는 "윽!" 하고 그대로 바닥에 쓰러지더니 꼼짝도 하지 않았습니다.
한참이 지나도 일어나지 않는 엄마를 보고
걱정이 된 이웃 사람이 가까이 다가왔습니다.
이웃 사람은 몸을 구부리고 아이들의 엄마를
내려다보며 몸을 흔들었습니다.
엄마는 한쪽 눈만 살짝 뜨고는 조그맣게
말했습니다.
"조용히 하세요! 우리 아이들에게는 절대로
말하지 마시고요!
잠시 쉴 수 있는 시간은 지금뿐이에요!"

공짜는 없다

오래 전 한 지혜로운 왕이 신하를 불러 모아
명령을 내렸습니다.
"백성에게 가르쳐 줄 삶의 방법을 연구해 오너라!"
명령을 받은 신하들은 온갖 지혜를 모아
열두 권짜리 책을 만들어 왕에게 가지고 왔습니다.
"대왕마마! 드디어 연구를 마쳤습니다.
이 열두 권의 책에 바로 삶을 살아가는 방법이
들어 있습니다."
그러나 왕은 신하들에게 호통을 쳤습니다.
"아니, 이 많은 책을 어떻게 읽고 백성들이
삶을 살아가겠느냐?

한 줄로 줄여 가지고 오너라!"
신하들은 연구에 연구를 거듭했습니다.
결국 한 줄로 요약할 수 있었습니다.
"대왕마마! 드디어 한 줄로 줄여 가지고
왔습니다."
"그럼 말해 보아라!"
"대왕마마! 인생을 살아가는 가장 좋은 방법은
'공짜는 없다!'이옵니다."

내가 사랑한 것

'뉴딜 정책'으로 유명한 미국 대통령 루스벨트는
미국 사람들이 존경하는 인물 가운데
한 사람입니다.
청년 시절 루스벨트는 꿈과 비전이 있고 장래가
유망한 젊은이였습니다.
그러나 39세의 나이에 소아마비에 걸려
휠체어에 몸을 의지할 수밖에 없게 되었습니다.
실의에 빠진 루스벨트가 어느 날 용기를 내어
약혼녀인 엘레나에게 물었습니다.
"내가 불구자가 되었는데도 당신은 나를
사랑합니까?"

참으로 뼈를 깎는 고통과 피가 마르는 아픔을
삼키며 슬픈 눈빛으로 약혼녀에게 던진
한마디였습니다.
그는 약혼녀가 무슨 말을 하더라도 받아들일
참이었습니다.
약혼녀 엘레나는 그를 바라보며 이렇게
말했습니다.
"당신은 내가 그 동안 당신의 성한 다리만
사랑한 줄 아셨나요?
내가 사랑한 것은 루스벨트라는 사람입니다."

사랑의 메아리

한 아이가 어머니에게 야단을 맞고 숲 속으로
들어갔습니다.
아무도 없는 데서 "나는 당신을 미워합니다!"라고
크게 소리를 질렀습니다.
그때 숲 속에서 똑같이
"나는 당신을 미워합니다!"라는 소리가
들려왔습니다.
소년은 놀라서 집으로 돌아왔습니다.
그리고 어머니에게 말했습니다.
"어머니! 숲 속에 나쁜 사람이 있어서 나를
미워한다고 했어요!"

이 이야기를 들은 어머니는 아이를 데리고
숲으로 갔습니다.
"애야! 이번에는 '당신을 미워합니다!'라고
하지 말고 '당신을 사랑합니다!'라고
소리쳐 보아라."
아이는 어머니가 시키는 대로
"당신을 사랑합니다!"라고 소리쳤습니다.
그러자 숲 속에서도 "당신을 사랑합니다!"라고
메아리로 대답해 왔습니다.

악수의 여러 가지 의미

손에 힘을 많이 주는 악수 '자신감'

힘을 적게 주는 악수 '나약함'

한 손으로 잡는 악수 '강한 자'

두 손으로 잡는 악수 '약한 자'

악수하며 상대방의 눈을 보는 것은 '진솔함'

악수하며 다른 사람을 보는 것은 '무례함'

상대에게 자신의 손바닥까지 다 주는 것은 '따뜻함'

상대방에게 손가락 부분만 주는 것은 '차가움'

분명하게 말하자

"당신의 희망은 무엇입니까?"
때때로 젊은이들에게 희망을 물으면,
머리만 긁적거리며 아무 말도 못하거나
"좋은 사람이 되고 싶어요."
"행복하게 살고 싶어요."라고
막연하게 말합니다.
꿈을 이루고 싶다면 자신의 희망을 분명하게
말할 수 있어야 합니다.
성공한 사람들을 보면 대부분 어려서부터
자신이 어떤 일을 하고 싶은지, 어떤 인물이
되고 싶은지 구체적으로 표현한 사람들입니다.
자신의 희망을 다른 사람에게 분명하게 말할 수
있는 사람이라면 그 희망을 반드시 이루게
될 것입니다.

행복을 주는 말 101

선물

인간은 맛없는 식물로 목숨을 지탱하며
단순하게 살아가는 존재였다.
그러나 하나님은 그런 인간에게
활기라는 것을 선물해 주셨다.
그리고 뜨거운 흙을 밟으며 역경을 넘어야 하는
고통을 덜어 주기 위해 우리에게 기지와 풍미와
명랑함과 웃음과 향기를 주셨다.

— 시드니 스미스

행복을 주는 말 103

친구란…

친구란 어떤 사람이겠습니까?
사람마다 대답이 전부 다를 것입니다.
영국의 한 출판사에서 상금을 내걸고 '친구'라는
말의 정의를 독자들에게 공모한 적이 있습니다.
수천 통이나 되는 응모 엽서 중에 다음 내용들이
선발되었습니다.
"기쁨은 곱해 주고 고통은 나눠 갖는 사람."
"우리의 침묵을 이해하는 사람."
"많은 동정이 쌓여서 옷을 입고 있는 것."
"언제나 정확한 시간을 가리키고 멈추지 않는
시계."

하지만 1등은 다음의 글이었습니다.
"친구란 온 세상이 다 내 곁을 떠났을 때
나를 찾아오는 사람."
당신에게는 어떤 친구가 있습니까?

3부 성공하는 사람들의 조건

성공하는 사람들의 조건

우리는 홀로 살아가는 것이 아니라
함께 살아갑니다.
그러므로 21세기에 성공하는 사람의 조건은
다음과 같습니다.
실망시키는 사람이 아니라 신임을 얻는 사람,
자기 명예만을 탐하는 사람이 아니라 자기의
멍에도 지고 남도 도울 줄 아는 사람입니다.
소극적인 자세로 안일하게 소일하는 사람이
아니라 꿈을 가지고 열정을 다 쏟으며 주어진 길을
땀흘리며 완주하는 사람입니다.
정력적인 사람보다 정열적인 사람,

밝히는 사람보다 밝은 남자,
때가 많은 사람보다 때를 아는 남자,
여우 같은 여자보다 여유 있는 여자,
화장기 많은 여자보다 순수한 여자입니다.
모든 일에 기회를 노리는 사람보다 작은 일부터
최선을 다하는 사람의 삶이 아름답습니다.
최선을 다한 사람은 목표지에 도착할 때 분명히
환호와 박수를 받을 것입니다.

성공과 실패의 갈림길

성공과 실패에는 분명한 분기점이 있습니다.
긍정적인 마음과 가능성을 찾아내는 눈이 있느냐
없느냐에 따라 성공과 실패가 갈라집니다.
특히 가능성을 찾아내는 눈은 성공하는 데
매우 중요합니다.
가능성이란 꿈을 찾는 것입니다.
꿈은 마음으로 강력하게 원해야만 현실이 됩니다.
즉 자신감을 갖고 앞으로 이루어질 일을
기대하며 끈기 있게 실천해 나갈 때 가능성은
현실이 됩니다. 우리는 유행이나 상황에 따라
흔들려서는 안 됩니다.

다른 사람의 부속품처럼 살아서도 안 됩니다.
우리는 엔진이 되어서 주체적으로
움직여야 합니다.
그래야 살맛 나는 인생을 살 수 있습니다.

문을 열어라

"문 하나가 닫히면 다른 문이 열린다.
그러나 우리는 닫힌 문을 바라보며 너무나
오랫동안 후회하다가 우리를 향해 열린 문을
미처 보지 못한다."
알렉산더 그레이엄이 한 말입니다.

우리는 살면서 수많은 문을 만나게 됩니다.
성공의 문은 삶에 자신을 온전히 투자하는
사람들에게 분명히 열립니다.
생명이 없는 나무 토막은 흐르는 물을 따라
떠내려가지만 살아 있는 작은 물고기는 급류를
거슬러 올라갑니다.
우리 안에 열정이 살아 있다면 기대감도 함께
생겨날 것입니다.
문은 열려 있습니다.
브라우닝이 이런 말을 했습니다.
"저급한 목표로 성공을 거두기보다 차라리
난 고상한 목표로 당당하게 실패하겠다."
실패할 때 실패하더라도 문을 확 열어 봅시다.
꿈을 활짝 펼쳐 봅시다.

긍정적인 사람

어떤 회사에서 세일즈맨들의 사기가 떨어지고
능률이 오르지 않자 사장이 직접 나서서
세미나를 개최했습니다.
강단에 선 사장은 귀퉁이에 까만 점 하나를
찍은 흰 수건을 세일즈맨들에게 펼쳐 보이면서
무엇이 보이는지 물었습니다.
그들은 까만 점이 보인다고 대답을 했습니다.
사장이 말했습니다.
"자세히 보십시오! 다른 것은 보이지 않습니까?"
그들은 여전히 까만 점밖에 보이지 않는다고
말했습니다.

사장이 다시 말했습니다.
"여러분! 까만 점은 이 구석에 하나밖에 없는데 왜 이 넓은 흰 바탕은 못 보는 겁니까? 우리가 하지 못할 일은 없습니다. 우리에겐 단점보다 가능성과 장점이 더 많습니다. 다시 한 번 도전해 보시기 바랍니다!"

기다리는 그 시간

꿈을 이루는 사람, 성공하는 사람의 특징은
기다릴 줄 안다는 것입니다.
곧게 자라나는 대나무는 씨앗을 심은 후
첫 4년 동안에는 죽순만 하나씩
돋아난다고 합니다.
다른 것은 아무것도 없습니다.
하지만 그렇게 죽순만 나오는 4년 동안
땅 속에서는 뿌리가 잘 자라나 튼튼하게
뿌리를 내리게 됩니다.
그리고 5년째가 되면 대나무는 쑥 자라납니다.
죽순으로 보내는 4년의 시간은 반드시 필요합니다.

헛되이 보내는 시간이 아닙니다.
꿈을 가지고 그 꿈을 이루기 위해 기다리는 시간은
보람이 있습니다. 기다림은 아름답습니다.

독서의 힘

미국 상원 의원 중에 학교 공부는 별로
못했으면서도 다방면으로 학식이 풍부한
의원이 한 사람 있었습니다.
그는 모든 것에 대한 판단도 매우 정확하였습니다.
한 젊은이가 그에게 물었습니다.
"상원 의원님! 의원님은 학교 교육을 제대로
받지 못하셨는데 어떻게 그렇게 많은 것을
아실 수가 있습니까?"
상원 의원은 이렇게 대답했습니다.
"나는 열여덟 살 때부터 하루 두 시간씩
독서를 하기로 결심했습니다.

차를 탈 때나 누구를 기다릴 때,
심지어는 여행을 하면서도 책을 읽었습니다.
신문이나 잡지는 물론, 명작 소설이나 시도
읽고 성경도 읽고 정치 평론도 읽었습니다.
그랬더니 자연스레 많은 것을 알게 되었습니다.
모든 것이 독서의 힘입니다."

제일 맛있는 감

이 세상에서 제일 맛있는 감은 어떤 감이겠습니까?
감에는 단감, 홍시, 연시, 곶감 등 여러 가지
맛있는 감이 많이 있습니다. 그러나 그 중에
제일 맛있는 감은 우리의 마음을 강하고
담대하게 만들어 주는 '자신감'입니다.

최선의 85퍼센트

어느 분야에서든 성공한 사람들은 성공한 만큼
시련과 역경을 잘 이겨 낸 사람들입니다.
대부분의 사람들이 자기 능력의 15퍼센트밖에
발휘하지 못하고 있다는 것은 너무나 잘
알려진 사실입니다.

자기 능력을 개발해 낸 사람은 스스로도
놀랄 만한 뛰어난 능력을 드러내며
일을 성취합니다.
이것은 바로 자신감과 도전 정신과
열정의 결과입니다.
미국 시인 휘티어는 이렇게 말했습니다.
"말이나 글로 표현할 수 있는 말 가운데 가장
슬픈 말은 '그렇게 될 수도 있었는데….'라는
것이다."
최선을 다하는 삶에는 후회가 없습니다.
우리는 늘 최선을 다해야 합니다.

돌아오지 않는 세 가지

세상에는 돌아오지 않는 세 가지가 있습니다.
첫째는 우리 입에서 나간 말입니다.
한번 내뱉은 말은 다시는 돌이킬 수 없습니다.
둘째는 화살입니다. 활시위를 떠난 화살은
다시는 돌아오지 않습니다.
셋째는 세월입니다. 세월은 흐르는 물과 같아서
다시는 돌이킬 수 없습니다.
그런데 흘러가는 시간을 붙잡을 수 있는 길이
있습니다.
그것은 반성이라는 법정에 서서 지난 일을
돌이켜 보며 "무엇을 잃었으며 또한 무엇을

얻었는가?"라고 묻는 것입니다.
그리하여 얻은 것에 감사하고 잃은 것에 대해
반성할 때 세월은 그냥 흘러가 버리지 않고
우리 마음에 남아 다시 새롭게 살아갈
지혜와 용기를 줍니다.

가장 중요한 것

어느 유명한 사진 작가에게 누군가 물었습니다.
"사진 작품을 촬영할 때 가장 중요한 것은
무엇입니까?"
사진 작가의 대답은 아주 간단했지만
의미가 있었습니다.
"제일 먼저 사진기의 뚜껑을 여는 것입니다."
무슨 일이든 시작이 중요합니다.

목표

혼자 힘으로 의학을 공부하는 한 청년이
있었습니다.
그의 의복은 언제나 초라했습니다.
바짓가랑이가 해지고 여기 저기 구멍이 나 있기
일쑤였습니다.
어느 날 그가 형편없이 해진 옷을 입고 있는
것을 본 친구가 꿰매 입으라고 충고를 했습니다.
다음 날 옷을 꿰매 입고 온 그의 모습은 어딘지
모르게 어색했습니다.
자세히 보니 실이 아니라 종이로 꼰 노끈으로
옷을 꿰맨 것이었습니다.

친구는 혀를 내두르며 물었습니다.
"아니, 자네는 바늘도 실도 없나?"
그는 태연하게 말했습니다.
"나는 의학을 배우러 온 것일세. 재봉을 배우러 온 것도 아닌데, 이만하면 괜찮지 뭘 그러나?"
그는 결국 유명한 의사가 되었습니다.
목표가 분명한 사람은 현재의 모든 어려움을 이겨 내고 자신의 목표를 이루고야 맙니다.

비스마르크와 아들

독일의 정치가 비스마르크가 아들에게 다음과
같은 편지를 보냈습니다.
"내가 오늘 한 일에 대하여 내일 다른 사람들의
말을 들어보면 태반이 잘못되었다.
그러나 남의 칭찬을 받는다고 해서 기뻐하지 말고
남의 비난을 받았다고 실망하지 말아라.
지금 나와 함께 한 사람들도 내 마음을 알아 주기
어려운데 어찌 백년이나 천년 후의 사람들이
내 마음을 알아주겠느냐.
그러므로 전능자만이 내 마음을 알아 줄 것이라고
믿고 남들이 칭찬하거나 욕을 하거나 그런 것은

아무렇지도 않게 생각해야 한다.
지금의 내가 총리라는 어려운 일을 하고
있는데 만일 전능자가 없다면 나는 사흘도
못 견딜 것이다.
너무 세상의 칭찬에 관심 두지 말아라.
오직 전능자로부터만 칭찬을 받도록 힘써라."

가필드의 10분

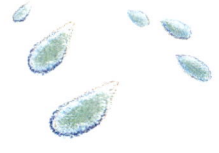

미국의 20대 대통령 가필드가
대학생 때의 일입니다.
그와 같은 반에 수학 성적이 매우 뛰어난
학생이 있었습니다.
뒤지기 싫어하는 성격의 가필드는 그를
따라잡기 위하여 열심히 노력했습니다.
하지만 언제나 그 학생을 이길 수가 없었습니다.
기숙사에서 생활하던 가필드는 유심히 관찰한
끝에 그 친구 방의 불이 자기 방보다 10분
나중에 꺼진다는 것을 알게 되었습니다.
"그래, 그가 나보다 항상 10분 더 열심히 했기

때문에 잘하는 거로구나!"
그후 가필드는 그 친구 방에서 불이 꺼진
다음 10분 더 공부하고 나서 잠을
청했다고 합니다.
마침내 가필드는 그 친구보다 좋은 성적을
내게 되었습니다.
훗날 대통령이 된 가필드는 취임사에서 이렇게
말했습니다.
"10분을 잘 활용하십시오. 그러면 이 10분이
모든 일을 성공으로 이끄는 원동력이
될 것입니다."
노력 앞에서는 그 어떤 것도 당해 내지 못합니다.

지혜로운 왕

항상 화려한 금관을 쓰고 거울 앞에 서서
자기 모습을 바라보는 것을 좋아하는 왕이
있었습니다.
한편 백성들은 날마다 거두어들이는 세금
때문에 굶주리고 있었습니다.
이를 보다 못한 한 지혜로운 신하가 왕의 침실에
놓인 거울을 뜯어 내고 백성들을 바라볼 수 있는
창문을 달아 놓았습니다.
다음 날 잠에서 깨어난 왕은 여느 때처럼 화려한
옷을 입고 금관을 쓰고 거울 앞에 서려고 하다가

창문 밖으로 보이는 초라한 백성들의 모습을
발견하게 되었습니다.
아이들은 굶주림에 지쳐 있었고, 여인들은 고통에
떨고 있었으며, 허리가 굽은 노인들은 무거운
짐을 힘겹게 지고 있었습니다.
이 참담한 모습을 본 왕은 자신이 얼마나 무능하게
다스렸는지를 깨달았습니다.
왕은 화려한 옷을 벗고 소박한 옷으로
갈아입었습니다.
그리고 백성들을 위하는 왕이 되었습니다.

노벨의 마음

세계적으로 가장 권위 있는 노벨상의 창시자
노벨은 스웨덴의 화학자입니다.
노벨은 고통과 가난 속에서도 의욕을 잃지 않고
연구를 거듭하여 1863년 광산에서 쓰이는 폭약을
발명했고 1887년에는 그보다 성능이 우수한
다이너마이트를 발명했습니다.
다이너마이트의 발명으로 그는 유럽 최대의
거부가 되었습니다.
그러나 인류의 생산과 건설에 이바지하려고
발명한 다이너마이트가 인류의 목숨을 파괴하는
데 쓰이게 되었다는 것을 깨달았습니다.

세상을 떠나기 전에 그는 그의 재산을 희사해
인류를 위하여 공헌한 사람에게 수여하는
노벨상을 제정하였습니다.
노벨의 순수한 마음은 지금도 노벨상을 타는
사람들을 통하여 모든 인류에게 감격과 기쁨을
가져다 주고 있습니다.

카네기

세계적인 강철왕 카네기가
처음으로 일자리를 얻은 곳은
방직 공장이었습니다. 그는 증기 기관 조수,
기계공, 우편 배달부, 철도원 일들을 거쳤습니다.
카네기는 무슨 일을 하든지 최선을 다했습니다.
그 직업의 일인자가 되는 것이 꿈이며
소원이었습니다.
그는 결국 세계 역사에 남는 유명한 사업가가
되었습니다.
그러나 세계 최고의 부자가 된 카네기는
여기에서 멈추지 않았습니다.

문화, 교육, 국제 평화 등을 위한 많은 연구소와
재단을 세워 자신이 가진 부를
다른 사람들과 나누었습니다.
유명한 카네기 홀도 그가 만든 것입니다.
자신의 삶에 최선을 다하고 거기서 얻은 결과를
나눌 줄 아는 사람은 정말 멋진 사람입니다.

내 삶을 어떻게 만들까?

미켈란젤로가 망치를 들면 놀라운 작품이
나오지만, 범죄자가 망치를 들면 상대가
피투성이가 됩니다.
우리 모두에게는 주어진 삶이 있습니다.
우리의 삶을 걸작품으로 만드느냐
아니냐는 우리 손에 달려 있습니다.
어느 조각가에게 물었습니다.

"당신은 어떻게 이런 놀라운 작품을
만들었습니까?"
조각가가 대답했습니다.
"대리석에서 필요 없는 부분을 떼어 냈더니 이런
좋은 작품이 되었습니다."
우리도 필요 없는 것들을 떼어 내며 살아야 합니다.
우리의 삶을 작품으로 만들어 갔으면
좋겠습니다.

순종

중세 유럽의 어느 수도원에서 제자를 삼기 위한
시험을 했습니다.
첫 번째 관문은 '배추 심기'였습니다.
그런데 수도원장이 배추 뿌리를 하늘을 향해
심으라고 지시했습니다.
제자가 되고 싶어 찾아온 두 청년이 밭으로
갔습니다.
한 청년은 수도원장의 말씀대로 배추 뿌리가
하늘을 향하도록 심었고, 한 청년은 수도원장의
말씀과 반대로 배추 뿌리가 땅을 향하도록
심었습니다.

수도원장은 배추를 심어 놓은 모습을 살펴보고는
두 번째 청년을 불러 말했습니다.
"청년처럼 똑똑한 사람은 혼자서 사십시오.
당신은 선생으로서의 자격은 있을지 모르지만
제자로서의 자격은 없습니다."
수도원장은 이 시험에서 '순종하는 마음'을
알아보려고 했던 것입니다.
순종은 제자가 되기 위한 첫 번째 조건입니다.
조금은 엉뚱한 요구에도 "예" 하고
순종해 보면 어떨까요?

성취의 기쁨

미국 오하이오 주의 자전거 수리공이었던 라이트 형제는 그 당시 수많은 엔지니어들이 시도했지만 실패하였던 비행기 발명의 꿈을 이루었습니다.
라이트 형제는 세 가지 꿈을 가지고 있었습니다.

"첫째, 비행기를 만들어서 하늘로 올려야 한다.
둘째, 비행기가 공중에 머물어야 한다.
셋째, 비행기가 가고자 하는 곳으로 날아가야
한다."

그들은 분명한 목표로 비행기를 발명하였습니다.
우리 삶의 목표가 분명하다면 우리의 삶은
분명히 소원의 항구로 인도될 것입니다.
우리는 끝까지 최선을 다하여 목표를 완성해
나가야 합니다.
목표를 이루었을 때의 기쁨이 얼마나 큰 것인가는
체험해 본 사람들만이 알 수 있습니다.

에디슨의 장미 정원

발명왕 에디슨은 청년 시절에 아름답고 진귀한
장미 정원을 가지고 있었습니다.
지나가던 사람들도 이 아름다운 정원을
둘러보기 위해 들어와서 구경을 하곤 했습니다.
그런데 그의 정원 입구에는 큰 빗장이 질러져
있어서 정원으로 들어가려면 반드시 그 빗장을
힘껏 제쳐야 했습니다.
빗장이 얼마나 무거웠던지 한 친구가 에디슨에게
불평을 털어놓았습니다.
"여보게 친구! 정원을 잠그는 것도 아니면서 왜
빗장을 달아 놓았나?"

그러자 에디슨은 이렇게 말했습니다.
"보게나! 이 빗장은 절대로 필요 없는 것이 아냐.
자네 같은 친구들이 호기심에 차서 빗장을 들어
올릴 때마다 나는 입장료를 받는 거나 다름없다네.
왜냐하면 이 빗장을 들어올릴 때마다
지붕 위 물탱크에 35리터씩 물이 올라가도록
설계를 했거든!"
에디슨은 발명왕답게 모든 일 속에서
자신의 꿈을 이루어 갔습니다.

바다와 폭풍우

영국의 화가 터너의 작품 가운데 〈바다와 폭풍우〉
라는 그림이 있습니다. 그는 이 그림을 그리기
위해 남다른 경험을 했습니다.
폭풍우가 몰아치는 어느 날,
터너는 배에 올랐습니다.
화실에 틀어박혀서는 폭풍우가 몰아치는
바다를 제대로 그릴 수가 없었기 때문입니다.
그는 배를 집어삼킬 듯한 거센 풍랑과 싸우면서
휘몰아치는 폭풍을 눈으로 확인했습니다.
그런 후에 화실로 돌아와 그린 그림은
이전에 그린 어떤 그림보다 훨씬 더

생동감이 넘쳤습니다.
터너는 직접 보지 않고도 폭풍우가 몰아치는
그림을 그릴 수가 있었을 것입니다.

지금보다 나은 결과를 얻고 싶습니까?
그렇다면 자신감을 갖고 도전하십시오.
자신감을 갖고 한 걸음씩 꾸준히 노력한다면
좋은 결과를 얻을 것입니다.

떨어진 휴지 한 장

어느 유명한 회사에서 신입사원을 뽑을 때의
일입니다.
일류 대학을 나온 능력 있는 지원자들이 많이
모여들었습니다.
서류 전형을 마치고 시험을 치른 1차 합격자들에게
이제 남은 것은 면접 시험뿐이었습니다.
사람됨을 가늠하는 가장 중요한 면접 시험은
사장이 직접 하기로 되어 있었습니다.
면접 시험을 앞둔 사람들은 저마다 사장이 묻는
말에 대답을 잘 하기 위해 준비하고 또
준비했습니다.

지원자들을 한 사람씩 만난 사장은 이상하게도
한마디 질문도 하지 않았습니다. 면접 시험이
끝나고 7명의 합격자가 발표되었습니다.
나머지 사람들은 어째서 합격이 되지 않았는지
궁금했습니다.
사장은 다음과 같이 대답했습니다.
"우리 회사는 똑똑한 사람보다 열심히 일하는
사람이 필요합니다. 그래서 면접을 보기 위해
들어오는 문 앞에 휴지 한 장을 떨어뜨렸습니다.
들어오면서 휴지를 주워 휴지통에 넣은 사람을
합격시켰습니다."
그 해에 휴지를 줍고 들어온 사원들은 과연
다른 해에 뽑은 이들보다 성실하게 회사 일을
잘하여 많은 사람들에게 칭찬을 받으며 중요한
일을 감당해 나갔습니다.
일은 입으로 하는 것이 아니라 손과 발을
움직여 하는 것입니다.

딱정벌레의 힘

미국의 콜로라도 주의 롱 피크에는 수령이
사백 년이나 되는 고목이 있습니다.
이 나무는 살아 있는 동안에 열네 번씩이나
벼락을 맞았지만 일부 가지만 잘라져 나갔을 뿐
죽지 않았습니다.
거친 비바람이 몰아치는 폭풍우에 시달리기도
했습니다.
엄청난 산사태를 만나기도 했습니다.
주변에 있던 나무들은 모두 쓰러졌지만 이 나무는
그 자리에 그대로 버티고 서 있었습니다.
그러나 결국 이 나무도 말라비틀어진 고목이

되고 말았습니다.
벼락과 폭풍우와 산사태를 이겨 낸 이 나무를
쓰러뜨린 장본인은 바로 아주 작은
딱정벌레였습니다.
딱정벌레들이 갉아먹어 들어가자 나무는 서서히
병이 들어 어느 날 힘없이 쓰러지고 말았습니다.

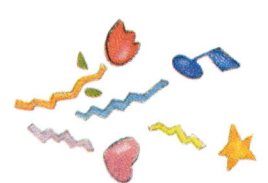

지하철 사랑의 편지

엮은이 · 용혜원

초판 1쇄 인쇄 2003년 1월 2일
초판 1쇄 발행 2003년 1월 7일

펴낸이 · 한 순 이희섭
펴낸곳 · 나무생각
팀장 · 강혜란
편집 · 최현진 김은정
마케팅 · 문제훈 김선영
출판등록 · 1998년 4월 14일 제13-529호

주소 · 서울특별시 마포구 서교동 328-13
전화 · (대)334-3339, (편)334-3308
팩스 · 334-3318
이메일 · tree3339@hanmail.net
tree3339@dreamwiz.com

값은 뒤표지에 있습니다.
ISBN 89-88344-54-5 03810

잘못된 책은 바꿔 드립니다.